i pavoni

Collana diretta da Teresa Ciabatti

Samuel Martra

Tutte le madri della mia vita

SOLFERINO

SOLFERINO

www.solferinolibri.it

ISBN 978-88-282-1276-8
Prima edizione: settembre 2023

Tutte le madri della mia vita

È un cognome francese. Vuol dire «bosco», e Blanche significa «bianca». I due insieme significano «bosco bianco». Come i meli, sa, in aprile? Così se lo ricorda.

Tennessee Williams, *Un tram che si chiama Desiderio*

Per P., G., C. e S.
Con affetto autentico

1

"Siamo di nuovo qui" mi dico, guardando la sigaretta di tabacco trinciato stritolata distrattamente tra le mie dita. Non tira più. Provo a riallargare l'intoppo di tabacco creato appena sopra il filtro, premendo di qua e di là delicatamente, ma si è compattato ormai, diventando fitto come un bastone di liquirizia. La butto e immediatamente viene arrotata dalle macchine che passano nel controviale. Se ne sta piatta e incastonata sull'asfalto come una figurina ritagliata da un album. Mi sento così ultimamente: incastonata e intoppata. Senza album.

«Tocca a noi» mi fa cenno Livia, uscendo per metà dalle porte automatiche dell'ospedale e rientrando rapida. L'insegnante di sostegno di Giorgio. Donna abrasiva, due gatti dai nomi ridondanti di qualche filosofo d'antan, meglio se greco. Si schiarisce la gola ogni volta che accavalla le gambe, un vezzo, postura, dico io. In Livia tutto è posturale, il capello corto che dice: «*Montalbano c'est moi*», la kefia e il kefir, pantaloni scampanati in inverno e alla zuava in estate, che terminano prima del suolo in un paio di infradito in cuoio marrone esausto. Sì, sembra un ibrido tra una cherokee, una hippie e una malcapitata che ha passato anni nel gioco da tavolo Jumanji e si ripresenta in tinello aspettando la grande traversata degli struzzi. Ma è anche luciferina, di un'intelligenza ficcante che spacca il capello in diciotto, dotata di una sensibilità spiazzante e di un altruismo fedele e non terreno. Livia c'è. In qualsiasi ora dopo la campanella c'è. È la traduttrice emozionale di Giorgio, nostro figlio, mio e di Vit. A proposito, eccolo lì, a scorrazzare tra le sedie in plastica grigia del triage, con in testa un turbante di garza che si chiazza di amarena sul davanti della testolina mai ferma. In un battibaleno, a scuola, è salito sul banco e si è lanciato a peso morto su un compagno, procurandosi l'ennesimo taglio, l'ennesima ammaccatura, terrorizzando la classe.

Giorgio è successo, non avremmo potuto, facciamo fatica tutt'oggi a permettercelo. Cinquanta punti interni ed esterni e frattura del coccige. Questa è stata la nostra conoscenza. Lo chiamiamo Re Giorgio, di tanto in tanto, per i suoi versi lunghi che si espandono a cena nel silenzio. La gente, gli amici, i parenti, ci guardano tutti con commiserazione, dei santi a prescindere, pensano, degli eroi, la società moralista ci addita; e poi ci siamo noi, io e Vit, in prima fila, anzi, sul palco della scena, ad arrancare. Non c'è da mentirsi a riguardo. I pomeriggi al parco, quando le mamme degli altri bambini si tirano al grembo i figli e si dileguano come fossimo degli appestati, allora lì io chiudo gli occhi e richiamo intimamente Livia. La immagino attraversare il cielo e planare tra le altalene. Super Livia.

Re Giorgio è di uno spettro autistico molto escludente, ed è proprio lei che ci aiuta a decifrare quelle «A» lunghe o mozze che si affacciano sull'infinito, e gli «hmm», e quel continuo scalciare come da dentro a un sacco di iuta. Da qualche parte ho letto che l'autismo è un po' come se il corpo fosse pronto e trepidante, ma la mente non lo segue, e non lascia l'utero. Un contrasto perenne, un lanciare il cuore oltre l'ostacolo continuo. Se agitato, le A sono inghiottite, come la presa di fiato tra un'onda e l'altra dopo che si è stati un tempo considerevole sott'acqua, invece se presente all'istante mette le mani a coppa e applaude vicino alla bocca facendo cassa con le labbra tonde. Ha una adorazione per i Motörhead, perché ritmati e fracassoni, mi spiega Livia. Tutto ciò che ha ritmo scandito lo culla, viaggio con in borsa una sveglia trovata in cantina, mezza arrugginita, ma con una lancetta dei secondi pesante come la sbarra di un passaggio a livello, e nei viaggi in macchina la ascolta e si quieta appoggiando l'orecchio sul vetro fresco e tondo del quadrante.

Insomma, casa nostra è l'incubo di Capitan Uncino e la tortura di un liricista classico. Ma c'è vita. Certe volte spensierata, altre scoraggiante, e altre ancora di profonda solitudine e voglia di scomparire per sempre e poi daccapo. Giorgio è uno zaino che parte vuoto ogni mattino e finisce a sera zeppo di pietre che pesano e lasciano bretelle rosse sulla pelle delle spalle. Livia è la decompressione, Livia ci ha adottati, come le persone che non hanno famiglia, ci ha presi e fatto di noi sughero e panacea alle mancanze della sua vita. Il contratto è chiaro e appeso in alto, e talvolta desidererei lo fosse meno, ma ognuno ha il suo guadagno in questo tacito riconoscersi vicendevolmente, motivazioni e slanci che ci tengono assieme. Noi siamo il suo sonno del giusto, e lei il nostro supereroe, perché c'è bisogno di un dio più prossimo in questa vita. Siamo i nostri vampiri, siamo i nipoti che vanno in visita dalla nonna per un tornaconto economico, e a turno cadenzato si è nonni o nipoti del caso, e le sue insenature, eccome se le vedo, i punti strutturali, il sangue da dove e perché, ma neppure quando invadente, talvolta giudicante e sprezzante, sia ben chiaro: per scuotermi, a suo vedere… ma mai la farei collassare su di sé davanti a me; è sola, ma ben intenzionata, caporalesca e concreta, tutte caratteristiche a cui la me medesima ambisce e di cui è mancante. Spesse volte la osservo mentre parlo, la osservo fare scudo e ignorarmi come chi chiede indicazioni e quelle vuole, senza preamboli e contorni. Ma ascoltami, di tanto in tanto mi ci infervoro, non c'è direzione senza strada e luogo su cui essa poggia, ascoltami, santo cielo! Mi ritiene persona interdicibile su alcuni argomenti, e allora faccio silenzio, rispondo di sì e di no, mi faccio piccola e mi metto in una delle sue tasche, mentre incede verso la soluzione migliore per tutti noi.

Veniamo chiamati dal monitor e da un cenno vago di un infermiere e imbocchiamo il corridoio con la porta che si chiude alle nostre spalle con un *clank* metallico e pesante.

«Vediamo un po' cosa è successo...» dice a tutti e nessuno il medico, intento a srotolare via la garza dalla testa, mentre si divincola dalle prese di Giorgio, attratto dallo stetofonendoscopio, che pende come una sciarpa sul camice bianchissimo e rigido di amido.

Qualche volta non intervengo, sto ferma e immobile, magari qualche «sta' buono» o «smettila», nulla di più. «Pensaci un po' tu» mi dico, anche solo per cinque minuti, sono comunque cinque minuti tolti di dosso a me. Dura, eh? E me la rido grassa dentro. Come adesso, il dottore mi guarda con rimprovero, mi vorrebbe più collaborativa, anche Livia mi guarda e intende lo stesso, ma a me non va, mi allaccio una scarpa, è la mia vacanza privata, e non me la guasterete. Tant'è che appena rialzo la testa Livia e il dottore hanno fatto truppa e lo stanno gestendo, quel piccolo polipo esagitato. E adesso che è fatta è il mio turno.

«Mi scusi, ci scusi, dottore.» "Scusi il cazzo" penso, e credo di averglielo passato in qualche lingua non verbale, perché mi ignora e conclude la tamponatura di Betadine sul punto e mezzo, quasi due, che ha ancorato sulla ferita, e nuovamente *clank*, attraversiamo il triage e siamo fuori. Ho esaurito le mie ferie.

2

«Sei un discolo» dice Livia, mentre cammina claudicante, con lui avvinghiato alla sua coscia.

Con me queste cose non le fa, non abbiamo un rapporto spontaneamente fisico, non sono il suo albero di gioco e salvezza, e quando ci provo trovo il nulla, davanti a me si stagliano due occhi orlati di rosso, pallidi e indifesi. Lo puntello con le dita sui fianchi sottili come un euro, per fargli solletico, e lui scatta all'indietro lasciando la coscia di lei come se lo avesse morso un serpente, e giù a ridere. Loro, io al passo, rido ma non capisco di cosa. Livia lo so, ride per empatia, ride perché significa tutto per lui, e lui pare percepirlo, perché, strizzando gli occhi, il viso non lo rivolge mai verso di me.

Chino il capo e chiudo la sigaretta nella mano a coppa e la accendo. Li osservo, non si sono accorti della mia assenza, sto ferma, li guardo camminare, così complici, così belli che certe volte mi sento la ladra di suo figlio e vorrei dirle è tuo, non mio, tu sei la sua felicità; altre mi scopro desiderosa di spezzare per sempre questo legame che non approvo. Essere il meno accanto al più è faticoso, manca sempre quell'intersezione di due linee, solo un trucco lo può correggere a biro, aggiungere quella linea mancante, e il trucco si dà il caso sia proprio Livia che ci prova ogni giorno, e io mi sento nuda come quella linea unica. Si dice che le persone buone lo siano anche quando credono di non essere viste, io so di tenere il meglio per il pubblico, so tutte le volte che ignoro Giorgio e le sue continue richieste, quando siamo in casa, non visti, so le urla che caccio infine, che lo brutalizzano e fanno stare quieto, e di come sento di meritare l'inferno ogni volta che poi torno e con un sorriso artificiale tutto si ricompone, rompendo le linee e facendo ripartire daccapo le richieste, sempre più lunghe. Perché mi sento una merda con mio figlio e con mio marito, perché anche lui è nel pubblico che ha pagato per vedere una donna mai stanca e devota al figlio, e si pretende il bis e il tris, quando si ha davanti una creatura come Giorgio; e io lo sono per davvero devota, ma sento che mi sta sfuggendo di mano, faccio pagare al bambino, attraverso il prisma dei miei sentimenti, la solitudine che mi impongono loro che sono il pubblico che non perde mai una replica, che non ci lascia mai fare uno spettacolo per quattro rassicuranti gatti addormentati sulle poltrone; no, mi sento gli occhi del mondo addosso, giorno e notte. Il tabù mi strangola, vorrei morisse il mio comprimario e altre volte il pubblico, essere soli al mondo io e lui e poter dire: perché a me? Guardate bene, io non ci sono tagliata, non si può crescere un figlio come si bada al fuoco la notte per non farlo spegnere perché altrimenti arriva il freddo, lasciando tutti quelli che si fidano di me all'addiaccio. Quest'immortalità che mi viene richiesta, ma dove sono io? Dove sono finita? Ho smesso di vivere in me per vivere all'altezza delle aspettative degli altri. È troppo, ed è crudele far pagare il conto a lui, nella solitudine non vista, quando le luci si abbassano, quando voglio una pausa, quando giochiamo a nascondino e mi chiudo nell'armadio per decine di minuti mentre Giorgio si scompensa, si sente abbandonato e attraversa ogni stato di malessere e io mi turo le orecchie per non sentirlo, nel buio, tra i cappotti appesi. Mi ci sono addormentata quella volta e son caduta fuori quando Vit ha aperto l'armadio per riporci il cappotto, la sera tornato dal lavoro. Mi ha detto: «Ma che cazzo fai?». E io: «Niente». Mentre mi alzavo da terra, e pure lui più niente. Non se ne è mai parlato. O come non molto tempo fa, ancora mi perseguita nei pensieri, a cena con i genitori di Vit, Giorgio gattonava sotto il tavolo fingendosi un animale che si aggrappa e fa paura; le risa, le loro e le mie sforzate, sempre al passo, non so spiegare come, ma la mia mano lo ha afferrato non vista sotto la casetta della tovaglia e tirato su a fargli sbattere la testa contro il tetto del tavolo, per poi precipitarmi ad alzare il lembo di tessuto e chiedere affettuosamente se si fosse fatto male, e finalmente, con questo gioco scemo e fastidioso. Fastidioso per me e la mia maternità a singhiozzo, stamattina c'è, stasera no.

C'è in me una cattiveria sperticata, mi assale a ondate, mi trafora, vorrei fare qualcosa di eclatante in pubblica piazza, allora sì, si accorgerebbero e mi aiuterebbero, ma al contempo non voglio. Mi ripeto in testa che ho il controllo e che tutto andrà bene, che andrà come loro intendono il bene, ma la mia lucidità continua a piegarsi nel verso sbagliato.

Con qualche passo li affianco e gli facciamo fare l'altalena tenendolo per le mani, ed è in quel preciso movimento che sento il peso dimezzarsi, con me c'è un'altra persona che mi aiuta a far dondolare mio figlio e vorrei stare così in eterno. È amore quello che provo. Il mio amore come il mio agire ha necessità di uno spettatore; vorrei che Livia fosse sempre con noi, perché con lei mi appoggio, e tutto è lieve, persino il respiro. Ma ci saluta, qualche volta ha una vita tutta sua da tenere in piedi; per quanto sia assidua, ogni tanto ci abbandona.

Camminiamo, Giorgio cammina con lo sguardo indietro fino a che non la vede scomparire, e con lei, la saturazione dei colori, tutto si appiattisce, e io sento un gelo dentro perché so che lo sente anche lui, vorrei essere il sole, ma non sono altro che un lampione, freddo e lungo, con la luce distante. Lo tiro su e me lo porto al petto, sento il suo mento trovare l'incastro sulla mia spalla e rilasciarsi. Odora di buono, odora di casa nostra e di detersivi, non ha ancora un odore suo, e un tepore lieve sulle labbra che mi sfiorano il collo.

Il cellulare squilla, mi tasto e lo trovo, è Vit.

«Cosa è successo?» mi chiede affannoso.

«Nulla, abbiamo appena salutato Livia.» Subito dopo averlo detto mi domando il perché. Non c'entra niente, come se avessi voluto mettere le mani avanti sul fatto che nella situazione era presente una persona adulta e responsabile. «La solita mattana con medaglia, ma sta benissimo.»

«Ok...» risponde asciutto. «Ti amo, a più tardi» E attacca.

Li odio quei suoi ti amo detti per tenere a bada il gregge. Il ti amo diventa altro se detto come abbreviazione di molto. Abbreviazione di sei bella, di non litighiamo, di vengo in pace, di siamo felici, vero? Di dimmi che sei felice con me. Certi ti amo sono l'arsenico delle coppie; io te lo dico imponendotelo come un ciao, come una frase spogliata da ogni valore, ma al tempo stesso pregna, e mi rassicura sentirla in risposta, perché ciò vuol dire che ancora deambuliamo, che anche se con una distorsione, mi pacifica vedere che ancora ti muovi. Il ti amo, talvolta, è un tutto sommato può andare. Non c'è fiamma né infiltrazione, la scocca è integra, a stasera, cara.

3

«Sembra un angelo di dio» mormora una delle mamme al parco, guardando Giorgio placido una volta tanto, intento ad accarezzare il primo pelo dell'erba dopo l'inverno brullo, e una fierezza mi riempie, osservando l'istantanea di un bambino apparentemente come tutti, fermo in quell'attimo, tanto mi solleva che gli scatto una foto con il cellulare. Ha un'aria silenziosa e paziente, come una pecora in attesa d'esser lasciata libera, e un timido «Posso vederla?» mi raggiunge. Le donne si passano il cellulare, lo capovolgono e lo raddrizzano, lo allontanano e lo avvicinano agli occhi, dipende dalle diottrie, poi commentano benevole, eccessivamente stupite, e il cellulare mi torna in mano, e la foto sullo schermo che lo ritrae con una accidentale lama di luce che gli illumina come oro i ricci; è bello come un putto, e io, come un cuoco che ha servito qualcosa di delizioso, mi godo dal capotavola gli sdilinquimenti scomposti; almeno in questo sono stata brava, è bello come un angelo di dio hanno detto. Per qualche minuto continuiamo a guardarlo, come se fosse diventato un oggetto miracoloso, poi d'improvviso il contatore dell'incanto viene tirato giù e i cani accanto nel recinto tornano ad abbaiare, qualcuno dai palazzi soprastanti picchia un tappeto, un signore di passaggio si schiarisce la gola e un'altra argomentazione si inserisce tra loro. E io rimango come una a cui hanno sottratto un piatto da sotto la faccia troppo velocemente, e per far sì che neppure un'imperfezione cali su questo incanto, mi alzo, auguro il buongiorno e spedita lo prendo per mano e usciamo dal cancello del parco.

«Tu sei un angelo di dio, lo sai?» gli dico, avendo in risposta una rapida occhiata che segue un suono più che un concetto.

«Tu sei un angelo di dio» gli ripeto, guardando dritta nel rettilineo del marciapiede aumentando la falcata, con il suo scalpiccio che si fa sempre più rapido per starmi al passo.

4

«Un pacchetto di Golden Virginia giallo e due Goleador alla liquirizia, grazie» chiedo al tabaccaio. Fumiamo il trinciato perché le cose non vanno a gonfie vele, ho persino smesso di prendere la pillola perché troppo cara, perché andava a sottrarre soldi a qualcosa di più importante, ma di contro ci costringe a un equilibrismo anticoncezionale misto a panico che ancora oggi discuto.

No, le cose non vanno bene, Vit fa il metalmeccanico, io non posso permettermi un lavoro, e quindi aspettiamo la risposta per un sussidio miserabile, ma pur sempre qualcosa.

Siamo dignitosi ma non ci possiamo permettere nulla; in certi momenti più grigi ho annacquato il detersivo dei piatti e della lavatrice, le magliette bucate sotto i maglioni in inverno non sono un problema, ci si pensa in estate. Sottilette e cracker per pranzo lasciano lo spazio a una pasta più sostanziosa per

Giorgio a cena. Il lavarsi a secco i denti senza dentifricio e lo smettere di truccarmi gli occhi. Il mal di denti mai curato quasi sempre passa da sé. I regali tra amici, l'umiliazione del ricevere e basta, gli assorbenti che costano una cifra blu li infilo nei calzini, rubando nei grandi supermercati. Poi il caffè versato nelle tasche del cappotto e recuperato a casa, sul tavolo. Le saponette a tocchi nelle mutande. Ci si ingegna, tutto ciò che entra, tocca ed esce per nostro figlio, il resto va grattato con le unghie, o grazie a Livia che infila nelle tasche del cappottino di Giorgio quello che può, ubriacandomi di sollievo e non umiliandomi di persona. Quindi il trinciato lo pago, semplicemente perché c'è una persona a passarmelo in mano, fosse libero su uno scaffale sarebbe nostro e libero dal costo.

Non sono una ladra, sono una persona che anche dove non può prova, prova a non far mancare nulla. E anche su questo, Vit tace, con i suoi ti amo di controllo spiccio; bene, cara, non ti hanno ancora arrestato, son lieto. Però quell'uomo là me lo ricordo. Stavo rubando, sì, lo stavo facendo, mi arrivò alle spalle e con garbo in un orecchio mi disse che da quel momento avrei dovuto girare per le corsie e fermarmi, dire ogni volta: «Questo, per cortesia», e lui avrebbe pagato per me la spesa. Mi sottoposi al trattamento che percepivo in qualche misura sessuale per lui che mi osservava e seguiva con quegli occhi grigi e immobili come il vetro; presi della pasta, dei sughi pronti, delle merendine tascabili, del detersivo e altro che ora non ricordo, dovendo sempre dire prima di allungare il braccio: «Questo, per cortesia». Suppongo volesse impartirmi una lezione del genere «è più difficile chiedere che prendere», ma mentre calavo per adagiare la roba nel carrello son certa di aver visto il tessuto dei pantaloni tirato dal cazzo rigonfio all'interno. Poi pagò per me e si dileguò all'uscita senza dire nulla. Ancora ricordo il batticuore fino a casa, dentro l'ascensore, la paura che il gioco non fosse finito, ma lo era; per sicurezza non misi più piede là dentro ed evitai il quartiere da quel momento.

5

Il citofono si sente suonare dal portone dentro il suo appartamento; Filo abita al primo piano, ma la cornetta nell'alloggio non funziona, quindi controlla aprendo la finestra sulla strada e ci fa entrare. Filo è il figlio del nostro proprietario di casa, nonché persona con cui ho rapporti occasionali. Ci rivedemmo subito, dopo un incontro fortuito assieme al padre, e parola mia, non ho mai visto un uomo piangere in quel modo. Se ne stava seduto sui gradini del palazzo, accanto al padre, come un bambino, quando la sua ragazza lo lasciò, ripeteva «I discorsoni non fanno bene a nessuno. Bisogna usare il cervello invece dei discorsoni», inconsolabile ed esposto. Lo stesso pomeriggio scopammo, scopammo come sempre e come adesso, su una sedia del lungo tavolo in cucina, con accanto Giorgio che si intrattiene con dei pennarelli colorati, ci abbassiamo i pantaloni e io salgo sopra.

L'aspirapolvere appoggiato al muro in un angolo, la spina attaccata, e il lungo filo per terra bocconi a larghe asole casuali sul pavimento: i pavimenti di chi abita da solo splendono di noia e occupazione momentanea compensatoria. L'ammaccatura nello stipite della porta è un pugno, non un mobile spostato come mi ha detto distrattamente; a cavallo tra le due vasche del lavandino in cucina, una spugna dal verde esausto e raggrumato, e un sugo pronto che torreggia accanto ai fornelli rigati come la portiera di un'auto.

Le labbra di Filo mi abbracciano i capezzoli, hanno lo stesso tepore di quelle di Giorgio, sono da bambino, non da uomo. Filo non lo è, non è uomo, ogni volta che inizia a far qualcosa deve smettere subito per dedicarsi ad altro, lui vive così. Divincola un braccio senza smettere, per dare una botta secca al frigorifero che ronza vicino a noi, quello accusa il colpo e tace, e con lui le bottiglie all'interno che tintinnano per un istante.

«Sente quello che diciamo e anche quello che non diciamo» dando un buffetto a Giorgio, immerso tra le righe tracciate sul foglio dai pennarelli.

«Credo di sì... ma è ok» gli faccio, mentre il sangue comincia a pulsarmi nel collo, proprio sotto la pelle, e i talloni mi diventano freddi come la pietra.

«Ci sei?» chiede, sul precipizio dell'autocontrollo. Allora mi metto di buzzo buono, mi appoggio sul suo pube con il mio e do una cinquina di colpi trascinati e vengo, soffocandomi il fiato sulla sua fronte, mentre lui continua a sussultarmi il corpo da dentro; poi esce, sfilandosi, come una corsa al primo bicchiere dello spumante vivace che versa a terra appena stappato. Mi sorride e usciamo dalla stanza strascinando i piedi intrappolati nei pantaloni alle caviglie. Io al bidet e lui al lavandino, intento e inclinato in avanti come la torre di Pisa.

Ci laviamo, mentre attendo il consueto grande sospiro che non tarda ad arrivare. Sospira come se avesse espulso un grande male antico dalla punta del cazzo, e mi sorride come un bambino beato. Anch'io gli sorrido. Alto, curvo e arruffato, l'ossatura del viso, gli zigomi, sporgenti come una coppia di bovindo, ma con due occhi tristi che gli danno un'aria da gentiluomo, nonostante il collo rosso e le grosse mani maldestre; totalmente adorabile, innocente, di una fragilità commovente. "Presto incontrerai qualcuno, e quel qualcuno rovinerà tutto facendoti uomo" penso, guardandolo con dolcezza materna, asciugandomi con il piccolo asciugamano. Sempre lo stesso, per gli ospiti, la ospite unica, io.

Per Filo e me scopare è come mettere in acqua una manciata di spaghetti, una cosa bella ma senza impegno, nulla da caricare di aspettative, anche con lui il contratto è chiaro e appeso in alto. Io credo o mi illudo di essere un medicamento per la sua solitudine, e lui la genuinità, la spontaneità canina di cui ho bisogno. Non c'è dislivello, e non essendoci vige il rispetto.

Restiamo seduti al tavolo il tempo di una sigaretta, a pensare all'intesa perfetta che c'è tra noi. Mentre la storpio nel posacenere per spegnerla, penso a Vit, al prototipo umano perfetto che potrei creare, aprendo la testa di Filo, e con mani sapienti adagiando il suo interno nel cranio di Vit. La risolutezza pratica di Vit e tutti i colori della tavolozza di Filo. Insomma, l'uomo perfetto. E mi ci vedrei frenetica, mentre un fulmine dà la scintilla della vita alla creatura ricucita con le mie mani; la farei calare dal soffitto con un argano e la libererei. Ineguagliabile, un prototipo di risolutezza e al contempo neppure la più misera traccia di timore verso il ridicolo autoironico. Per dirla meglio: un uomo a cui ancora sudano le mani.

«Che ti ridi, coccodè?» mi domanda inclinando lievemente la testa.

6

Tornati a casa, l'acqua della pasta fa *shhhh*, strabordando sulla fiamma. Giorgio è alla finestra che dà sul cortile, Vit sta parcheggiando, e io dentro di me mi do la cipria finale prima di entrare in scena, mentre per davvero vorrei scrivere una singola parola e lasciarla attaccata al frigo: arrangiatevi. Poi me ne andrei due piani sopra su per le scale e uscirei non appena la porta gli si chiude alle spalle. Lo sentirei dire mentre scendendo in punta di piedi ripasso davanti: «Sei solo? Dov'è mamma?». Subito dopo correrei da Filo per un po', solo per poco, due o tre notti, non di più. Ma la porta si apre e si chiude sulla mia fuga immaginaria.

«Arrivo» dice Vit dal bagno, mentre si gratta via alla bell'e meglio il nero del lavoro che gli pigmenta le mani; le sue dita sembrano ormai venate di terra scura come carote dissotterrate, e quando mi tocca sembra l'interno di un tronco appena segato. Mentre quelle di Filo sono da nullafacente, morbide e di un colore rosaceo e inutilizzato.

«Non possono fare un po' attenzione a scuola? E Livia, dico io, guardava i passeri? Cristo...» domanda all'aria della stanza, mentre si fa spazio con le dita tra i capelli di Giorgio per ispezionare la piccola ferita.

«Lo sai com'è... senza avvisi, un secondo prima è calmo, quello dopo...» "Adesso mi chiede come sto, deve chiedermelo" mi dico.

«La prossima volta potrebbe essere una finestra aperta.»

«Ma cosa vuoi che faccia, una piazzata rabbiosa al preside? Sta benone, guardalo.» E uno strano desiderio d'esser io la ferita si fa presente nella mia testa. Cancro, leucemia, tetraplegia, le attenzioni che si portano ai malati, l'assenza di gravità di cui godono perché il loro interno è già inimmaginabile. Mi faccio schifo per la bassezza dei miei pensieri, sono degente anche io, ma dalla vita; tuttavia mi scoppiasse in corpo un brutto male, allora sì che rimirerei la processione di affezione che tanto agogno. Ma che cazzo dico?

«Tu, tutto ok?» secca, facendo scadere il suo tempo per chiedermelo.

«Bene.» Pronunciandolo sopra il suo, marcandolo con un rapido sì del capo. Bene, sempre e immancabilmente bene.

Li osservo mangiare, le bocche che vanno alla forchetta che staziona sospesa sul piatto, puntinando di sugo la tovaglia e lasciando aloni di rossetto al pomodoro sui bordi dei bicchieri. Ma Giorgio lo imita, non ha colpe, gliel'ho detto mille volte di non tenere la forchetta come una maniglia stretta nel pugno.

«Come una matita» gli dico, mentre divarico la rigidità delle dita della sua mano e modifico la presa sul manico. Vit nel frattempo sta esaurendo l'alibi della bocca piena per non interessarsi a me; oscilla con la sedia all'indietro e con la mano prende il tabacco e il pacchetto di cartine che stazionano accanto al forno elettrico sul mobile fuori dalla piccola cucina, arrotola una sigaretta con una mano sola mentre con l'altra impila i nostri piatti uno sull'altro, e se l'attacca, pendula, al labbro superiore. Poi sfrega un fiammifero e lo tiene acceso tra le dita, come per studiare la provocazione del fuoco che avanza verso la pelle; lo guardo bere quel che resta dell'acqua di Giorgio, il pomo che va su e giù nel collo, tutto è un'accozzaglia di minimo sforzo mentale. Lui lavora, io no.

Cinque passi per andare in bagno dopo cena, due dal lavandino alla tazza e dieci dalla tazza alla camera da letto. Ogni sera la stessa coreografia: pasta lavamani, sedia, cena, bagno e camera da letto, potrei muoverlo su un piano cartesiano e mi darebbe sempre lo stesso preciso vettore. Eppure, prima di Giorgio, ed è questo che mi fa friggere, prima di me, ha vissuto una vita molto varia, proprio questo mi ha fatto capitolare, fatto dire: «Chi è questa giungla?». Era stato falegname con suo padre, poi rappresentante farmaceutico, guida alpina, gestore di un rifugio e poi giardiniere, come a chi manca il mare e finisce a occuparsi di stagni. Non durò troppo, quindi il proiezionista, e lì facemmo la nostra conoscenza, complice la mia assidua frequentazione di quel cinema, e galeotta la rassegna di Frank Capra che proiettava quella settimana. Ci baciammo, nel bugigattolo di proiezione, sulla battuta che ancora ricordo: «Annie, per te ci vuole un miracolo» in *Angeli con la pistola*. Da lì, in capo a una settimana convivevamo, con la scelleratezza di due che sono stati soli troppo a lungo, a cui tutto sembra possibile nuovamente grazie all'altro. Senza paradenti né scialuppe, raschiando a lungo le asperità reciproche, curvando i bordi e badando alla manutenzione quotidiana che non è dissimile dall'operato di un idraulico che stringe i gomiti per evitare dispersioni, dislivelli e risacche.

Tra i tanti campanelli d'allarme delle relazioni arrivate, ben in cima, c'è l'insofferenza verso suoni e rumori prodotti da chi ti sta accanto. Le sollecitazioni uditive in contatto con il sistema nervoso producono veri istinti brutali, che passano dal rendere inammissibile un raffreddore, col quale l'altra persona può fare ben poco, se non lasciare che faccia il suo decorso, alla tosse, specie se notturna e secca, e allora già che siamo in due a non dormire e mi domandi l'acqua sul pavimento accanto dalla mia parte, io te la scaravento sul petto come un paletto, poi scusandomi, dando la colpa al buio, mentre dentro vorrei rifarlo ancora e ancora, e alla domanda sovrastata dal crepitio della plastica che si sgonfia: «Vuoi?», semplicemente rispondere: «No, ovvio che no». E nel frattempo sono le due e diciotto. Delle due e diciotto persino una lancetta non sa che farsene, infatti staziona, pare non procedere più fin verso le quattro, un orario più accettabile per dirsi: è andata così. Vit sussulta nel letto a ogni colpo di tosse come se gli avessero sparato. Mi alzo, il parquet scricchiola, lo sento cedere millimetri sotto le dita dei miei piedi, fa freddo e alla cieca e smanacciando afferro dall'armadio un maglione che al tatto mi pare spesso, i pantaloni e il resto sono in bagno, lasciati lì per non svegliarlo ieri sera in camera svestendomi.

Dalla finestra della cucina, fumando, vedo nel buio tre luci accese come lumini nell'alveare sterminato di balconi e finestre dei palazzoni appena guardabili sul corso e fatiscenti all'interno, e mi domando chi siano, forse una donna anziana rimasta vedova che si aggira per l'alloggio con un gatto dormiente sulla poltrona, o uno che inizia alle sei, o uno che ha finito il notturno, pipì non possono essere, perché non si accende la luce per una cosa così automatica. La luna sembra coperta da un tulle sfilacciato, e un vento freddo che mi batte sullo stomaco muove le tende di plastica dei balconi riempiendo di notte le lenzuola scordate. Lascio cadere dalle dita la sigaretta che rimbalza e scompare nella grata di scolo, rimanendo alcuni istanti a guardarmi appena sotto la maglia di ferro con due punti rossi che svaniscono. Sotto le finestre di un'altra scala sento trascinare un bidone del vetro per il ritiro, che traballa e rumoreggia sul cemento dissestato come una banda di cimbali e si ammutolisce senza inciampi attraversando il passaggio carrabile di piastrelle rosso opaco, e una voglia di penetrare la notte mi pervade.

7

Giorgio dorme pacificamente nel biancastro della luce del cellulare che gli rivolgo addosso, misuro la profondità del suo sonno osservando la coperta alzarsi e abbassarsi lenta, dolcemente. Entro in bagno e mi vesto, metto il maglione dentro ai pantaloni per coprirmi meglio ed esco sul pianerottolo chiudendomi alle spalle la porta accompagnandola per non far scattare la ghigliottina della blindata. Fuori, gli edifici vuoti e bui ai due lati della strada fessurano la luce incerta della luna che sembra spiarmi torcendo il collo tra una folla. Sento il naso ingombro di sonno, fa un piccolo ruggito quando entra l'aria, e una lattina mi rincorre per qualche metro sospinta dal vento, tiepido in realtà, non freddo, come percepivo alla finestra, facendo un baccano nitido nel silenzio della strada, andando ad arenarsi sotto la gomma di una macchina. Un tram compare come una macchia gialla in fondo alla strada, l'uomo alla guida deve avermi preso per una puttana, perché quando salgo mi dà il buongiorno e aggiunge un ghigno, il paio d'occhi inquadrati che mi guardano dallo specchio retrovisore che dà sul lungo corridoio snodabile in curva. Accanto alla pancia del tram scorre il mercato, ancora dormiente, come un deposito di barche in disuso e rimessate a terra. Non sale nessuno, non si ferma mai, scorre come un animale da ricognizione nella città che ancora dorme. L'uomo si è acceso una sigaretta, i pennacchi di fumo si infrangono contro il parabrezza e tornano indietro lenti, verso i sedili accanto ai finestrini, a volute violacee che si intruppano come sciami di insetti contro il vetro delle luci incassate nel tetto del mezzo. Sulla cartina accanto alla prima porta d'uscita che mi è più vicina, qualcuno ha ripassato a pennarello il percorso ad anello schiacciato che fa questo tram e ci ha aggiunto una linea che lo tronca da un lato e due ovali dall'altro capo, e ha scritto: «Che giro del cazzo».

Le luci illuminano le pance concave dei lunghi portici che affiancano la stazione ferroviaria centrale e chiazzate a terra, qua e là negli angoli, distanti decine di metri dagli ingressi entusiasti degli hotel, piccole pile di coperte rigonfie che coprono uomini, donne e cani. Il riprendere della vita qui attorno mi infastidisce, come una consistenza sgradita in un piatto prelibato. C'è un caro estinto nazionale a cavalcioni di un cavallo imbizzarrito che staziona su una colonna di marmo nel mezzo della piazza che circumnavighiamo a velocità maggiore, tanto maggiore che mi devo appoggiare al finestrino per stare dritta. È una posa plastica quella dell'uomo e del suo cavallo, troppo plastica, sembrano essere risaliti lassù in cima in fretta e furia sorpresi dal nostro arrivo. Sorpassandoli li guardo dritti, lui e l'animale, negli occhi, sporgenze tonde e scure, e insisto allontanandoci, come a voler vedere uno squilibrio impercettibile, la nube di condensa calda dalle grandi narici del cavallo, e di nuovo tutto tace.

Percorriamo un viale non illuminato accanto al parco e lo sento bofonchiare muovendo la testa prima a destra e poi a sinistra, rallentando la corsa, badando ai lati, ubriaconi, penso, che nella sua previsione peggiore potrebbero attraversare e finire arrotati; poi accelera nuovamente, pesante, rinculando, sotto la luce dei lampioni stradali che ci favoriscono di nuovo nella notte la vista con il loro bagliore. Le fronde degli alberi che cintano il parco hanno da poco iniziato a rivestirsi, e alcuni rami ingombrano il nostro passaggio accarezzando il fianco del tram. Lo sento rallentare e fermarsi accanto a una pensilina per far salire una donna che monta con un singolo balzo, si toglie una cuffia di lana e scuote la testa per far respirare i capelli compressi, poi rapida mi dà un'occhiata e si piazza accanto al vetro dell'uomo che guida, con fare confidenziale, non sento di che parlano, ma le sue mani gesticolano e il suo pollice buttato indietro mi indica furtivamente, seguito da una stretta di spalle di lui. Poco dopo, rallentando, lui apre la piccola porta in plexiglass graffiato e si sporge fuori per un rapido bacio prima della discesa della donna, che sbadiglia rumorosamente scendendo i gradini a scomparsa e si incammina attraversando orizzontalmente il corso sgombro; con le braccia conserte e a passi rapidi si infila in una via buia. La moglie o l'amante?

«Io abito qui in zona...» mi dice, con voce alta, per raggiungermi e sorpassare il rumore dei binari. «Mia moglie si alza più tardi, e quindi...»

«Ah sì?!» alzo il tono pure io, incrociando gli sguardi nello specchietto.

«Sì, io inizio il giro, e a un certo punto lei compare, fa qualche fermata ed è al lavoro, fa il pane...»

«Fa anche il tassista oltre che il tranviere.»

«Si può dire così.» Lo vedo sorridere con gli occhi stirandoli lievemente. «Quindici anni che stiamo assieme.» Mi guarda e attende uno stupore compiacente che non gli ricambio. «Quindici anni che compare alla stessa ora su quella pensilina, ci può credere?» ripete con altre parole più efficaci, o così crede, forzandomi a pronunciare qualcosa di carino. Mi fa tenerezza, come chiunque si sbracci per farsi notare.

«Una bella storia d'amore» dico, lapidaria, dando l'elemosina a un amore che non vive di vita propria e ha bisogno di incoraggiamenti.

«Lei è sposata?» mi domanda.

Sento le dita dei piedi inarcarsi e battere sul tetto delle punte delle scarpe.

«Ma sì...» rispondo, alzando il braccio e mostrando con il dorso delle dita la fede.

«No, noi no...» Non rispondo, la conversazione è tutt'altro che brillante, e mi annoia a morte; la taglio con un po' di maleducazione rivolgendo lo sguardo fuori, dentro le finestre che maculano sempre più la notte. Stiamo lasciando il centro, me ne accorgo perché queste, da sinuose, floreali e barocche, diventano sempre più lineari e squadrate, essenziali; è tutto più minimale al di fuori del centro, tutto più uniforme tendente al brutto, anche i portoni, e allora sì che la numerazione diventa importante tra tutte queste scatole di scarpe, mentre in centro si può dire: abito in quella piazza, hai presente, la casa con i mattoni scuri e le lance sopra il grande portone verde, a due passi dal primo parlamento italiano. Qui, invece, i riferimenti sono le grandi distribuzioni alimentari: abito a cento metri dal Bennet, capito? Poco dopo c'è la tangenziale, non puoi sbagliare.

«Perché scappa?»

Non credo di aver capito bene. «Prego?»

«Dico, perché scappa?»

«Cosa le fa credere questo?» Adesso mi ha.

«Ho a che fare da anni con ogni sfumatura dell'umore, qui dentro.» Coreografando due piccoli cerchi orizzontali con il dito indice. «E lei ha tutto l'aspetto di una persona tallonata.»

«Tallonata?»

«Sì, e senza offesa, lei sembra una persona salita sul tram per non ammazzarsi o ammazzare qualcuno.» Questa sua affermazione si fa viva in un luogo antico e remoto del mio stomaco.

«Diretto, eh?» dissimulo, disinnescandolo.

«No... non sono diretto, lo fossi per davvero le direi di scendere e di piazzarsi a una cinquantina di metri dal muso di questo tram e di attendermi sui binari.»

«Scusi, ma si può sapere che cazzo vuole?»

«Assolutamente nulla.» E per la prima volta si gira verso di me. Ha un viso primitivo, il naso è una grande T capovolta che si inserisce sotto l'osso come una galleria in una montagna, sotto gli occhi ha borse gonfie e lunghe, oblique, che si dileguano sugli zigomi, quelle donanti e interessanti, differenti da quelle tonde che si mangiano le emozioni lasciando la faccia del pazzo.

«E allora pensi a guidare...» 'sto stronzo... Atroce percorrere sempre lo stesso anello, il panorama diventa familiare e allora si diventa sadici con l'interno. "Pezzo di merda..." mi dico.

«Giorgio non lo vedo bene.» Gli occhi mi si spalancano tanto che ho la sensazione di farli cadere e mi alzo, con una violenza in corpo che sembra prosciugare la vita del pianeta.

«Giorgio cosa, e chi sei?» Ma lui ha già lasciato la cabina di guida e mi viene incontro nel corridoio urlando incessantemente il nome di mio figlio, con una voce che sembra piantarsi ovunque nelle pareti, come asce e coltelli, producendo rumori sordi e improvvisi; lo raggiungo e lo prendo a calci nelle gambe, tra le gambe, ma quello non si smuove.

«Chi guida? Sei un pazzo! Aiuto!» urlo, trepestando il pavimento marrone a coste di plastica del tram. Attraversiamo un incrocio bruciando la segnaletica di stop e poi un altro, mentre l'uomo non smette di urlare: «Giorgio!». Improvvisamente il mezzo rallenta e si ferma, e con lui la sua voce, sento battere contro le porte in testa al corridoio, mi fiondo per chiedere aiuto a chicchessia al di fuori che cerca di entrare, ma quando arrivo lì davanti, le piccolissime mani che prendono a pugni le porte sono quelle di Giorgio, chiede disperato di farlo entrare, e l'uomo riprende a urlare, e io rimango con la bocca semiaperta, con l'aria che ne entra e ne esce, la conservo in bocca come acqua, la lingua rigida come un osso che spezzo tra i denti, poi mastico e ingoio ma ricresce, e ogni volta che la sento rinascere dalla gola sfondando la carne, l'uomo cambia per qualche secondo e mi urla: «Devi dirlo!».

«Oi...» mi smuove la spalla Vit, per svegliarmi. «Sei fradicia» mi dice, rigirandosi dall'altra parte.

«Oggi entri alle dodici?» chiedo, tastandomi la lingua, ripiegandola su se stessa e muovendola.

«Hmm!» risponde stizzito riprendendo sonno.

8

Il battito torna calmo e mi alzo. La schiena bagnata trattiene la maglietta che cerco di sfilarmi, mi faccio coraggio e nuda indosso il marsupio da doccia. È una tragedia lavare Giorgio, come il taglio dei capelli e delle unghie. Quelli li faccio di notte, mentre lui dorme, ma la doccia, quella va presa di petto. Appeso, stretto a me petto a petto, con le gambe ciondoloni e l'acqua calda. Insaponandomi insapono anche lui, che costretto morde a sangue, con tutta la forza, ed è tanta la sua; le mie spalle sono mosaici di cicatrici più e meno profonde. Rispondo ai morsi con lievi schiaffi sulle labbra guadagnandomi secondi preziosi per sciacquargli i capelli. Altre volte non ci riesco, e allora glieli asciugo direttamente ancora insaponati. Raccolgo della schiuma dalle mie gambe e prendo tra le mani il suo piccolo piede, e con il pollice passo tra le dita; Giorgio sfarfalla con le braccia in piccoli mulinelli, e quando lo fa vuol dire che a suo modo prova piacere. Non so dire quanto, ma rimaniamo parecchi minuti sotto il precipitare caldo, la sua pancia contro la mia, nella morbidezza dell'acqua, ignoro persino il bruciore appuntito del caldo sui morsi freschi. Spengo l'acqua, è il momento più critico, perché il marsupio è umido e sgradevole a questo punto. Sfilo Giorgio dal marsupio e appena riappoggia i piedi corre nudo in tondo sfilando dalle sbarre gli asciugamani che cadono a terra rattrappiti. Mi sfilo di dosso i due passanti dalle spalle e appendo il marsupio al soffione della doccia; Giorgio, nel frattempo, seduto sul pavimento si contorce il piccolo cazzo con le dita girandolo tra esse come il nodo di un palloncino.

«Che fai?» gli dico. La mia voce esce soave, mi sorprende, la sento avvolgerci. Lo gira e lo rigira e alla fine accade.

«Ora non puoi più giocarci, visto?» guardandolo a testa in giù, il phon che alita caldo tra i capelli, mentre, da gioco, si trasforma in ingombro che punta dritto verso il soffitto. Lo prende a manate e quello si inorgoglisce sempre più piantonandosi e inclinando appena sotto le percosse. Posso vedere il suo disagio salire come del liquido in un bicchiere e superare la misura, salta su e ricomincia a fare avanti e indietro, con lo sguardo dice: aiutami. Lo faccio sedere verso il muro sul bidet e io dietro, come in sella a qualcosa, apro il dosatore, giro la leva verso la mezzaluna blu e il getto compatto e bianco dell'acqua si infrange tra le sue gambe sgonfiando il fastidio, poi lo asciugo e lo vesto in fretta mentre lui lo osserva scomparire, prima sotto l'asciugamano, poi sotto le mutande, poi sotto i jeans, e ancora sotto la chiusura lampo del cappotto.

«Smettila» dico stringendo un poco le sue dita, mentre ci avviciniamo al cancello della scuola e lui cammina con una mano nella mia e l'altra che stringe e rilascia una manata di jeans tra le gambe, come la pompa di uno sfigmomanometro.

«Oggi siamo ometti...» dico a Livia che ci aspetta con un sorriso aperto, tanto aperto che pare un organo aggiunto al corpo.

«Ah, lo vedo» fa risoluta. Prende la mano di Giorgio e dice: «No». Secca.

«Tu come stai?» mi chiede, e sento che suona bizzarra come domanda nella sua testa. Punta dritta nei miei occhi come a voler scorgere la replica video della giornata passata. Gli sportelli delle macchine in doppia fila sbattono e le macchine ripartono, nugoli di bambini che si intruppano all'ingresso come tartarughe, piccoli, sotto zaini ingombranti come carapaci, camminano chini in avanti come in montagna sotto il peso di questi. Non rispondo, mi limito a grattarmi una tempia distrattamente.

«Poi parliamo, eh?» dice, mentre mi danno le spalle per entrare e io faccio ciao con la mano per qualche istante alle spalle di mio figlio. La via ritorna normale, sgombra dal traffico, l'uomo del bar di fronte approfitta della pausa dopo l'aggressione delle colazioni per accendersi una sigaretta, mi sorride rapidissimo e lancia gli occhi dentro lo schermo del telefonino, sorrido pure io, alla testa ormai china. L'operatrice scolastica chiude il cancello che traballa su se stesso, zeppo di gioco nella sua serratura.

«A più tardi.» Sorride con circostanza ed entra nella struttura, e dietro di lei si uniscono in una linea rossa i due tasti antipanico delle porte.

9

Mi tasto, sento vibrare il telefono, ho dimenticato il silenzioso attivato, è Vit.

«Lasciato?» Esordisce sempre così: lasciato. Intende Giorgio.

«Sì.» E vorrei chiudere la telefonata così: lasciato? Risposta: sì. Punto.

«Ok... senti, è arrivata l'ultima rata del riscaldamento.» La sento arrivare da lontano la ramanzina: quando inizia a fare più caldo dovreste stare più fuori che in casa, al parco, al sole, quello è gratis.

«È piuttosto alta.» Lui continua, io allontano il cellulare dall'orecchio lasciandolo cadere assieme al braccio accanto alla gamba, di tanto in tanto lo riavvicino per sentire se sta parlando d'altro. È un fiume in piena ma non mi travolge, uno squittio lieve e lontano, niente di più. Controllo se c'è ancora, ma lo schermo segna l'ora e basta, del suo nome non c'è più traccia.

I morsi sulle spalle strofinati dalla camicia pungono come scottature, mi sento come una bestia marina che acquiescente accetta di traghettare crostacei sulla sua pelle perché facenti parte del processo, il mio cervello accetta la metafora e il bruciore scompare, o meglio, lo minimizza a dato di fatto. All'imboccatura della via entra uno di quei mostri con spazzole e spruzzi laterali che servono per pulire il manto stradale, e pochi metri più avanti c'è un piccione che ha fatto testamento e immobile aspetta un gatto o uno pneumatico. Alla guida c'è una donna che parla animatamente all'auricolare, o canta, non capisco, è illuminata dal sole, truccata benissimo, con una cura a mio dire eccessiva, non fine, ma con mestiere. Tutte le netturbine sono sempre curate in viso. Ha capelli corvini, rossetto amarena e quando la mano sale per girare il volante vedo delle unghie lunghe, armi improprie che non esistono nel regno animale. Il piccione è pronto, non si scompone neppure alla vista delle setole rigide che grattano il cemento, sta lì, immobile, osservo gli occhi della donna vederlo e non batter neppure un ciglio, se lo porta sotto le spazzole per diversi metri, poi schizza fuori come una trottola carica che batte contro un battiscopa e capitola tra due macchine. La scena mi dà una scarica di tre conati a vuoto che mi riempiono la bocca di saliva, non mi va di deglutirla, mi si forma in testa un odore specifico del volatile e deglutire è come portarlo dentro, quindi sputo e mi asciugo con il dorso della mano.

Il cellulare suona, è mia madre.

«Buongiorno» mi dice.

«Buondì» rispondo.

«Che fai, ci incontriamo?» Non è in casa, lo sento tutt'intorno alla sua voce.

«Va bene, ma tu dove sei?»

«A cinque minuti dalla scuola, ti va di far due passi al parco?»

«Ci sta, perché no?»

«Ottimo, chi arriva prima chiama.»

Mi incammino accendendo una sigaretta che peggiora la rotondità di quell'odore artificioso, la butto, c'è una fontana pubblica, ma prima di me c'è un uomo che sembra attaccarsi alla piccola bocca di uscita, dove si abbeverano i cani; quasi cambio idea, ma quel gusto e odore di carne frollata mi inchioda alla pazienza quindi attendo e ci precipito la lingua sotto. È ghiaccio fuso che anestetizza.

Cammino sulla via, accompagnata dai binari del tram lucidi che a tratti cozzano con il sole riflettendolo negli occhi. Il quartiere brulica di negozietti, la piccola pescheria ha messo in bella vista dietro la vetrina sul manto di ghiaccio un pesce spada enorme, ricurvo, una grande U che parte da un gancio che unisce la coda alla spada, e sotto, come pubblico minore, orate, rane pescatrici, branzini, polipi, canocchie e via dicendo il ben di dio. Appresso, sporge sul marciapiede un foglio giallo in una teca mobile che dice: «Benevento, spaventato dai debiti torna a casa e spara a moglie e figli, poi si costituisce». Sulla «Settimana Enigmistica» tra i quadrati neri e bianchi questa settimana c'è un attorucolo di terz'ordine che ha interpretato la Parioli bene in una serie liceale obbrobriosa, e mi viene in mente mia nonna Argenite, convinta fino alla fine dei suoi giorni che il successo si potesse misurare solo dall'essere o non essere comparsi sulla «Settimana Enigmistica». A me da sempre dà la stessa suggestione, quella di una foto per il camposanto. Un signore, uscendo con il quotidiano sotto l'ascella del cappotto, augura una buona giornata al giornalaio, procedendo con lo sguardo all'interno del negozio, tanto fa che mi sbatte addosso e per poco non mi butta tra i binari lì a un passo.

«Ma faccia attenzione a dove cammina!» mi rimprovera, allontanandosi e reggendosi per qualche passo la spalla con la mano, ma io sono una bestia marina, fa parte del processo, non dico nulla. Al limitare del parco c'è un negozio di strumenti musicali, e in vetrina, protetta dal sole da una grande tenda rigida verde, grossa come il pesce spada, c'è una viola lucidissima, meravigliosa, sembra fuoco immobile. Il grande parco si stende su tre colline dolcemente scoscese, calamite nelle belle giornate per i ragazzi che trovano inumano il chiudersi in un'aula scolastica con un sole così nuovo ogni anno dopo l'inverno. Alcuni, forzando la stagione non ancora pronta, si sono tolti scarpe e calze, rivelando piedi bianchi sopra e giallastri sulle piante. Fumano, bevono e ridono, uno di loro ha tirato una corda tra due alberi ed equilibrandosi con le braccia la percorre tutta, e pare una cosa valorosa, vedendo le file di denti che si stappano in sorrisi dalle bocche tra i suoi amici. Un cane libero mi si avvicina e mi annusa appena per poi correre dietro a uno scoiattolo che in tre salti è sulla cima di un acero, con la coda irta e a S, gonfia di manto spesso per il freddo passato. Le mie pupille assorbono la luce verde degli alberi, un verde puro e brioso, appena schiuso. Una donna pare infastidire chiunque, me di sicuro, con la stortura che porta, passa con una bicicletta che rassomiglia più a un cancello, macina come una pepiera nell'ingranaggio dei pedali e fischia nei freni con lunghi guaiti, tanto che dai tavoli in plastica rossa del piccolo chiosco sul crocevia dei sentieri qualcuno la benedice rapido con un braccio. L'edera come un indumento si arrampica e incista nelle rughe profonde dei grandi tigli in fila gomito a gomito, la lingua di strada nel centro come una lunga tavolata, loro uno di fronte all'altro a chiudere quasi del tutto il cielo. I salici enormi con i loro dislivelli nelle fronde come scale squagliate al sole cascano sul pelo dell'acqua del fiume che fiancheggia il parco. La vedo da lontano, strizza gli occhi, ancora non mi distingue, e quando lo fa, solitamente, è per dire qualcosa di sgradevole.

10

«Santo cielo, venendo in qua ho visto gente che abita per la strada vestita meglio di te.» Come volevasi dimostrare.

Lei non è mia madre, o meglio, lo è, una delle due. Mi piace dire: una del sangue e una per la crescita delle ossa.

Un'adottiva nata da uno stupro. Questo sono. E qui c'è da specificare che qualunque forma di vita incominciata nella sua scintilla dalla brutalità non sarà mai pacificata, e io, come molti altri, non mi sono distinta, non sono riuscita a sfuggire a definizione. Ho qualche piccola nebulosa informazione su mia madre biologica. Una puttana. In questi casi non si scopre mai di essere eredi al trono di Russia. In passato, quando più tormentata, mi sono dedicata meticolosamente alla ricerca, alla ricostruzione. I miei occhi, di un nocciola comune, sono un vicolo cieco, le labbra piene mi suggeriscono origini africane, l'ovale del viso squadrato e severo, di contro, fa scorrere il dito, salendo su un atlante ipotetico fermandolo sull'entroterra balcanico, mentre la pelle che mi riveste ha la tonalità tisica di Ankara. Sfondo la soglia minima del metro e sessanta, questo fa di mio padre né un omone, né un omino nella mia fantasia, ma con il physique du rôle ficcante, quando a occhi aperti o chiusi richiamavo a me una ricostruzione ferina e particolareggiata del loro incontro. Il luogo è da sempre lo stesso, un dedalo di scale e corridoi nella bruttezza lancinante di un agglomerato popolare della periferia nord poco distante dalle carceri. Quell'uomo, mio padre, la rincorre, mia madre batte sulle porte i pugni, e i piedi compaiono sotto di esse, ma nessuno apre. Immaginando mi scoprivo tifare ardentemente per l'inseguitore, e la volta dopo per l'inseguita, lasciandomi con una tachicardia senza sforzo ogni volta che mi sganciavo dallo sproposito di particolari che la mia mente concepiva.

Accortasi della bombatura sotto l'ombelico, mia madre decise coraggiosamente di portarmi a termine, e di consegnarmi ad altri appena uscita, così credo. Da qui parte la crepa della mia vita. Esistono solo due strade. La prima accompagna su, nel dimenticatoio, ti guardi i piedi, ti tasti, ti percepisci integra e passi ad altro, ma la seconda trascina giù. La condanna a vivere come nella pancia di un sottomarino disperso. La scelta non si rimanda a un tiro di dadi, ma alla fame e alla capienza dello stomaco riempito di «perché?» e «che ho fatto di male?».

Ho capito che c'è chi non trovando una candela per far luce attende il giorno, e chi si scompensa tutta la notte cercandola. Due approcci differenti. L'esempio del treno lo trovo sempre calzante. Due tipologie di passeggeri, uno si accomoda e scalda, fa la forma delle natiche sul sedile, l'altro come un animale da guscio con tutti i suoi averi al passo staziona davanti all'uscita, con il malessere e la paura di mancare la fermata giusta. Insomma: una perenne ricerca del proprio posto sulla crosta terrestre. Oggi, da madre, posso dire che il seno è un posto, il più prezioso, quello che determina l'umano in potenza, quando questo manca, la vita è mozza e non si può fare altro che cauterizzare il passato mordendo uno straccio nel presente.

Quelli che oggi meno romanticamente chiamiamo per convenzione case dei bimbi anziché orfanotrofi, io, lì, ci stazionai per ben quattro anni. E contro le narrazioni didascaliche di certi film, ho bellissime memorie di affetto e calore, anche se frammentate e annacquate. Erano suore laiche, le donne che gestivano le entrate da parte di un donatore anonimo; suor Anna, questo nome tintinna nel salvadanaio della mia memoria. Era malata dicevano, non l'ho mai vista in volto; parlava a noi bambini e chiamava il personale dall'ultimo piano della struttura, e insieme alle parole che scendendo riempivano la tromba di legno delle scale, la cenere di una sigaretta cascava leggera decomponendosi sui mancorrenti. Le piccole sedie di plastica color mela verde roventi sotto le cosce scoperte dai calzoni corti in estate, il terriccio secco dei vasi di basilico che crepitava, mi sembrava di sentirlo ringraziare quando dopo il calare del sole di luglio lo innaffiavo a dovere, e le ortensie, che quando assetate avevano foglie pendule come orecchie di cani sgridati. I pidocchi e le rasature, e il palmo della mano che faceva avanti e indietro sulla piccola resistenza dei miei capelli a zero. Tutto veniva celebrato perché la vita, sì, era un po' in debito. I compleanni, le torte su cui cambiavano lettere e nomi di zucchero glassato, per le femmine zucchero rosa, per i maschi turchese, fino a quel giorno che in tutto e per tutto fu un venire al mondo per la seconda volta. Le carte cozzarono e fu stabilita la compatibilità. Firma e data. I genitori adottivi, dopo i brevi fine settimana assieme e ritorno alla base trattenendo il fiato, un lunedì mi portarono via per sempre. Non ci fu strappo, perché già insito in me, con quella nascita ruvida, mi abituai sin da subito, inconsciamente, a vivere i rapporti con un senso di termine, quindi privo di dolore al capolinea.

Ricordo che era estate, l'estate della regina, le visite e i tanti doni, le facce si spalancavano dal cancello prima di entrare sorridenti su quella figlia piombata di sotto da Marte. Tutto, tutto in quella villetta estiva in valle era sospeso in una pozza di calore incantevole, ma quello stesso tutto metteva insieme, lavorandoci al buio dentro di me, un futuro che in quel momento non sentivo ma in attesa, come un indumento per la crescita, da indossare dopo qualche tempo.

«Che c'è che non va, mà...» Più che due baci facciamo cozzare le mascelle istericamente.

«Questi pantaloni una volta erano neri, dico bene?» Mi osservo le gambe, il nero scadente all'altezza delle cosce che stinge a ogni lavaggio lasciando due aloni lunghi che sembrano polvere di calce.

«Eh... questo passa il convento.»

È la versione sbiadita della principessa Dragomiroff di *Assassinio sull'Orient Express*, Miss Marple, Medusa e Norma Desmond. Un dito di cerone bianco le annulla la mimica facciale, risaltano i cinque buchi: bocca, narici e occhi. Occhi piccoli e incassati nel cranio, sempre spremuti, tagliati, alligatori, assenti ma presenti, verso l'interlocutore, strizza ogni frase, ogni parola, ogni pausa, la ascolta e te la restituisce detta meglio, come la direbbe meglio lei. È estenuante. Il suo mandato di vita è spiegare a tizio e caio il perché e il percome tale parola sia sbilanciata ed eccessiva da usare. Con chi le è intimo si è guadagnata l'appellativo «Figurati io». Se tu le confidi di avere un'emicrania fortissima, lei ti risponde, e vado a braccio, ma vicinissima: «Ah! Non parlarmene, l'emicrania è una compagna per me». Se le dicessi che ho abortito, lei risponderebbe che l'ha fatto sette volte, di cui una in una tenda berbera in un viaggio quando ancora non conosceva mio padre. Lei è così, e in un modo bizzarro e tutto da decifrare ti sta accanto, minimizzando il tuo stato, elevando il suo in una direzione macabra e fantastica al tempo stesso. Ma la realtà è che non ti sente parlare, incontrasse la persona più felice del mondo, la più soddisfatta e risolta che si possa immaginare, si afflosscerebbe come un sacco vuoto a terra, perché si troverebbe sul suolo lunare, priva di appoggi, tutto ciò in cui sente di affondare i denti verrebbe a mancare. Ci rimarrebbe secca sul colpo.

«Non metterli quando andiamo là.» Continua, con quel suo tono innaturale, da professore di filosofia.

«Là dove, scusa?» le chiedo, mentre tira il naso verso l'alto e, guardando un gruppo di ragazzi che fuma, mima con due dita davanti alla bocca il gesto di una boccata di sigaretta e scuote il capo bacchettona.

«Alle costellazioni familiari.» Lo dice con tono di rimprovero scandalizzato, come mi fossi dimenticata un compleanno fondamentale. «Te ne ho parlato, ho prenotato, ho pagato, e noi ci andiamo.»

«Lavoro, pago e pretendo.»

«Non fare la scema, è un'occasione per dare un senso a tanto.»

«Io non racconto i cazzi miei davanti a sconosciuti, come te lo devo dire?» Alza talmente tanto lo sguardo al cielo che, quando smette di farlo, gli occhi sembrano aver fatto il giro su se stessi ed essere ricomparsi da sotto.

«Non sono sconosciuti... come lo possono essere su un treno.» Agita le mani davanti a sé come a scuotere un pallone da pallacanestro. «Sono persone con problematiche, che si mettono al servizio della tua problematica, il non essersi mai incontrati è fondante, esclude il pregiudizio. È un bene. Santo dio, mi spiego?»

«E stai calma.»

«Ma io sono calma... ma tu a volte sei da interdire, da ammutolire, ecco. Fosse per te non faresti mai nulla, si deve sempre pungolarti, sei rimasta un'adolescente in questo. Tutta "boh, poi vediamo", "boh, boh, boh, boh". Tu ci vieni perché te lo dico io e perché ti farà bene, anche solo per la vicinanza ai problemi intimi di altri.»

«E per te è Natale in anticipo, eh?»

«Non lo nego... son curiosa.»

Sbuffo sarcastica. «No, tu sei morbosa, non curiosa.»

«Quanto sei cafona.» Mi sorride appena, non può nascondere l'impazienza.

«Io vengo, devo solo chiedere a Livia o a Vit chi è più libero per tenere Giorgio, ma tu ti regoli. Ho una mezza idea di far finta di non conoscerci. Tu ti regoli... non dare soluzioni alle persone, nulla di non richiesto, quello lo puoi fare con noi.»

«Ma senti senti... sicché sarei una mina vagante, una specie di ubriacona sobria.»

«L'immagine definitiva, sei tu. Bravissima, coltivala.» La lascio sola qualche istante, senza parlare, giusto il tempo di far asciugare la vernice del concetto. «Dai che ti prendo in giro...» Prendendola sottobraccio sbilanciandomi verso di lei con la testa.

«Volevo ben dire!» Mi accarezza svelta la mano e sfila il braccio dal mio. «Ma ho capito quello che c'era da capire, e ne riparleremo.»

«A che ora mi passi a prendere?»

«Presto, per le sette e trenta in macchina.» Non sarebbe stato un problema neppure alle quattro, penso, e uno sbadiglio spontaneo mi apre la bocca.

«Ma dove rimane il posto?»

«Si chiama Villa Santa Margherita, bisogna fare la precollina e scavalcare.» Indica un punto nei rilievi che inquadrano la città piroettando l'indice.

«Sta lì, subito dopo. Un posto da non credersi. Uno schianto di parco con alberi secolari in ogni dove circonda la struttura dei primi dell'Ottocento, gestita da dei don che per arrotondare affittano le sale più grandi per ritiri spirituali, conferenze, presentazioni di libri eccetera eccetera.»

«Pare proprio un gioiellino.» Scruto verso il verde intenso del promontorio in ombra. «E tu sei proprio sicura che farà al caso mio?»

«C'è un'amica di una amica che ci è andata per il suo cane ammalato, e parola mia ho sentito che la sera stessa dopo le costellazioni, la massa che aveva in una mammella è retrocessa del tutto.»

«Ma che diavolo di esempio.»

«Senti, cocca... ci saranno tutte le risposte di cui hai bisogno a inizio giornata. E poi nessuno ti obbliga a farlo, puoi anche solo fare l'uditrice.»

«L'uditrice?»

«Sì, si chiamano così quelli che non portano il loro

caso ma assistono e basta. Io, per esempio. Tu, se non te la senti.»

«Questo mi solleva.»

«Certo sarebbe un peccato» dice, e immediatamente, prima che io abbia il tempo di controbattere: «Ma sta a te...». Poi aggiunge: «Mi accompagni per un po'? Ho un caffè con un'amica in centro, e sulla strada compriamo qualcosa di nuovo da metterti addosso».

Ho voglia di scopare con Filo, è da stamattina che ci penso.

«Ma se hai di meglio da fare, ci salutiamo qui.»

«No, no... volentieri.» Non sarà eterna questa processione, e Filo può aspettare.

Fare le compere con Figurati io è un non avere voce in capitolo su nulla; mi guarda come se stessa riflessa allo specchio, cosa starebbe bene e cosa piace a lei, assillando le commesse con dettagli inutili delle nostre vite, sul come lei un tempo avrebbe potuto indossare questo e quello, oggi non più, ma io sì, potrei e soprattutto dovrei.

«La vede bene? Guardi quant'è bella, ma si tratta come un attaccapanni.» Ci guardiamo, io e Francesca, così c'è scritto sulla spilla nominale della commessa che ci segue.

«Non devi dire nulla...» le dico, vedendola tenere botta stando dietro a mia madre, che sfoglia istericamente le gonne, ma lei per professione deve.

«Ha ragione la signora, è proprio bella lei.» Mi sento un bambino in culla di cui tutti per pressione sociale devono decantare somiglianze e bellezze, anche se palesemente stanno testimoniando la nascita di una scimmia ammaccata.

«Sentito, che ti dico sempre?» dice Figurati io, mettendoci il carico. Afferra otto cose e mi ritrovo in un camerino. «Hai fatto?» Spunta la testa di tanto in tanto dai lati della tenda nera. «Come ti sta?» ricaccia dentro la testa. «E lei ha un compagno?» la sento chiedere a Francesca, che balbetta un sì incerto. Deve riempire i silenzi, calciare continuamente una palla che categoricamente non deve toccare terra. «Anche mia figlia, e un figlio, si chiama Giorgio.» Abbassa la voce per dire autistico.

«Mi piace tutto, possiamo andare.» Francesca ha ancora sul viso un'espressione di compassione. Scendiamo le scale interne per le casse al piano terra.

«Ti piacciono davvero?» mi chiede come un segreto da non far sentire alla ragazza che ci accompagna alle casse.

«Sì, e grazie.» Mentre dentro di me penso già a chi venderne la metà per cose più utili.

«Un sacchetto per capo» si raccomanda alla cassa.

«No, ne basta uno, grazie. Non siamo in pescheria, mamma.» Sbuffa.

«Poverina, non sai che le cose sembrano più belle se ben divise» mi bisbiglia all'orecchio. Per lei il regalo non deve essere bello, deve essere grosso, questa è la sua idea fissa. «Allora ci vediamo dopodomani. Mi raccomando quella gonna... senza lavarla, mettila così con la piega giusta.» E prima di congedarsi butta una busta beige nel sacchetto che rigida si incastra all'interno. Soldi.

Mi passo una mano tra i capelli guardando in basso e poi lei. «Grazie... a presto.»

11

Camminando, mi giro di tanto in tanto guardandola mentre se ne va, fermando la marcia davanti alle vetrine e poi rapita da un pianista di strada. Giro al primo angolo, mi chino e apro la busta beige. Centocinquanta euro, non male quello che posso farci, mi dico. Mi sono industriata per anni sul tenere a bada il sentirmi un peso economico per chi mi sta accanto, e dico tutti, nessuno escluso. C'è un piccolo nodo nella trachea che si tende ogni volta, dura una ventina di minuti, poi passa, si allenta, o forse lo ingoio, non saprei. In adolescenza, quando mio padre adottivo era ancora vivo e il lavoro andava a gonfissime vele, cardiologo, studio in centro, non c'è nulla da aggiungere, mi servivo letteralmente ogni sera. C'è ancora quel mobile nella loro camera da letto, ed è con una piccola nausea per me stessa che vedo la me giovane alzarsi da tavola dopo cena accampando una scusa qualsiasi, percorrere il lungo corridoio ed entrare in camera al buio, o dal balcone comunicante con la cucina si sarebbe vista la luce accendersi, e prendere un cinquanta. Per mesi, forse anni, con un debito che più in là ho calcolato in una cifra oscena e irrimediabile.

Mi dicevo che li meritavo, che la vita era in debito con me, e che visto il guadagno considerevole, non erano che spicci. Poi tornavo in cucina, con la banconota accartocciata nelle mutande, per non farla parlare quella sua lingua così precisa in tasca, di carta rigida che gratta su se stessa, e riprendevo a parlare con loro due, con una dissociazione infame che ancora mi impressiona; guardavo una e poi l'altro, mentre sulla pelle percepivo la rigidità della carta che mi puntellava l'interno coscia e pregustavo già l'indomani, quando avrei preso il taxi per andare a scuola, le Marlboro rosse che iniziavo a fumare, un nuovo dvd per la mia collezione, o un libro, e altre amenità che mi davano un piacere tondo e caldo. Fino a quella sera in cui nel cassetto delle calze trovai al posto delle banconote un biglietto, oggi ancora ci ridiamo a ricordarlo con Figurati io, diceva: "Stop". In grassetto nero. Nella mia testa si compose una singola parola: "ladra". Mi chiusi in camera a chiave, con la vergogna che mi rivestiva da capo a piedi e un'aggressività urlata quando vennero a bussarmi alla porta per spiegarmi che da settimane, lei, applicava una impercettibile tacca a biro su ogni banconota, e che il mattino seguente ne mancava sempre una alla conta, e che avevano pensato alla signora delle pulizie, vergognandosi per averlo fatto, una volta svelato l'arcano. Che sarei dovuta uscire, che era tutto a posto ma finiva lì. Ma per me non lo era affatto, andai alla fonte, ero tossicodipendente di soldi, un bisogno equiparabile al respirare.

Mi presentavo in studio da lui con la scusa di un saluto, mi intrattenevo con la segretaria, bevevamo tè, lo proponevo ogni volta, e lei per non contrariare la figlia del capo lo beveva anche controvoglia; aveva una vescica microscopica, finita la tazza entro dieci minuti massimo si assentava per andare in bagno, lasciando la scrivania e la grande agenda verde degli appuntamenti, ma ciò che più mi stava a cuore, il cassetto, e al suo interno i soldi non ancora segnati con l'antitaccheggio casalingo, e per garantirmi un'uscita non sospetta l'attendevo, rimanevo a ciarlare ancora per qualche minuto, e poi, con fare angelico, mi licenziavo dalla conversazione con una scusa qualsiasi, ignorando ancora il sospetto che sarebbe potuto ricadere su quella donna gentile.

Oggi, a parte qualche licenza poetica necessaria al supermercato, non mi ritengo persona che, se trova un portafogli a terra con cento euro, smania per restituirlo, ma ci rifletto, e forse, per non far rifare i documenti lo restituirei al proprietario, ma vuoto, sicuramente vuoto. I soldi mi servono, i soldi servono a tutti. Se togli l'essenziale, è il superfluo quello di cui non puoi fare a meno, e io dell'essenziale son monca, sin dalla nascita, perciò scusate, scusate tutti se non fingo, se non dico: «non mi servono», se non tentenno con chi posso, e accetto, i soldi, e le conseguenze che comportano.

12

«Cambiale le federe ogni tanto» gli dico, spogliandoci, seduti sul bordo del letto a due piazze nella stanza zeppa di libri accatastati sulle mensole come in una falegnameria.

«Perché, che hanno?»

«Non vedi che sono giallastre?» Sembrano le dita di un fumatore eccessivo. Filo accartoccia le labbra all'ingiù rapidamente, come se avesse appena ascoltato qualcosa che non appartiene al suo mondo e di pochissimo conto. Ci infiliamo sotto le lenzuola e con i miei piedi, sul fondo chiuso del letto, sento come piccole briciole, lanugine di calzini, o il pasto di un piccolo roditore, e mi viene ancora la voglia, il bisogno di educarlo in questi rudimenti elementari, ma la sua bocca è già lì sotto. Ha una dote innata nel mangiarla, perché non va leccata, con pennellate sapienti, quasi artistiche, di educazione pornografica, va presa nella sua interezza, come un frutto acquoso, come un'anguria, con le gambe larghe e senza il timore di sporcarsi. Lo tengo fermo, assecondo il movimento, suggerisco, quando esce di strada, passando le dita tra i suoi capelli, sento il suo cuoio capelluto rovente, lo guardo, al fondo della mia pancia fare tanti sì, mi piace guardare l'espressione concentrata degli uomini quando sono tra le gambe delle donne, un parossismo di impegno massimo, disperato e abbandonico. Tutt'a un tratto la sento arrivare. Le lenzuola, il materasso, le gambe del letto, il pavimento, tutti insieme scompaiono, non sento più nulla, come acqua bollente che saetta il corpo i primi istanti in cui ci si immerge, e vengo. Devo dirgli basta, perché è tra le torture più insoffribili il continuare in quei momenti, mi sembra di avere le ossa di fuori a quel punto. Riemerge dalla montagnola delle lenzuola sorridendo, gli zigomi accesi, il labbro inferiore luccicante, infantile, come dopo una marachella. È pronto da un bel po', e adesso è il suo turno. Il preservativo fa *tac* aderente, ed entra. Gli spingo il bacino, batte contro le pareti e mi fa male.

«Scusami» mi dice, indietreggiando l'elmo, tuffando la sua bocca sulla mia; respira a bocca aperta, è amara come al mattino, dalla siccità dell'aria, mi scosto, allora scende sul collo, mi dà piccoli colpi con la lingua ruvida e asciutta di un gatto, prende le caviglie e in ginocchio le tira su, osservo i miei piedi fare su e giù come non miei, si concentra su uno dei due, e minuziosamente ingloba a una a una le dita che scompaiono e riappaiono, poi esce e mi fa capire il suo desiderio di vedermi girata; mi giro, abbassa la testa per vedere e rientrare, non ci riesce un paio di volte, allora lo impugno e lo aiuto. Mi tiene dal bacino, in una presa ergonomica perfetta, le punte delle dita sfiorano le ultime costole, mentre i palmi avvolgono i fianchi, mi tira a sé come se fuggissi, ma sono lì, indietreggiando quando avanza, avanzando quando indietreggia.

Un'altra dote innata di Filo che apprezzo è il suo mutismo, nessun apprezzamento di incoraggiamento insicuro. Io odio, e quando dico odio non dico non apprezzo, dico odio, gli uomini che prorompono con: «Sei bellissima» o «Tutto ok?», una delle due. Improvvisamente decimati nel vocabolario, complimenti che significano altro, altro inteso come: fatti viva, ti piace? Vero che ti piace? Dimmi che ti piace. E allora: "Sei bellissima". Questa frase così galante ma fasulla, perché loro son diversi, hanno uno sperticato bisogno costante di farsi dire: «Sì, mi sei sopra e dentro, sì, proprio tu». Filo no, è ludico e autoironico. Il coprimaterasso elastico si sbriglia in un lato, scoprendo il materasso a trama damascata azzurrina, il letto batte contro il muro.

«Fa' piano» gli dico.

«Ci abita una vecchia sorda, tranquilla» mi risponde sussultando nello sconquasso del movimento cadenzato. Allungo la schiena, i capezzoli sfiorano il lenzuolo, le ginocchia arrossate mi bruciano frizionando, sento i piedi intorpidirsi e congelarsi.

«Scusami, non ce la faccio» dico, mentre mi appoggio su un fianco, le gambe piegate su un lato e Filo che non smette di planarmi addosso, il viso congestionato, la bocca semiaperta, le narici aperte e gli occhi socchiusi, come sul nascere di uno starnuto, mi guarda, mi dico eccolo, infatti si ferma, e dentro, come un mezzo che subisce l'inerzia, continua senza più muoversi, contraendosi per dire l'ultima parola.

«Ho letto che va ai quarantacinque, cinquanta all'ora.»

«Che cosa?» mentre come un animale abbattuto si lascia cadere accanto a me.

«Lo spruzzo, lo sputo, come lo chiami?» Ride. «Come una Vespa Primavera.» Con il pugno imita il gesto del dare gas al motorino. «Posso chiederti una cosa?»

«Certamente» rispondo, mentre mi metto seduta e cerco il trinciato nella borsetta ai piedi del letto.

«Cosa piace a Vit?» Mi giro di scatto con finto pudore.

«A Vit piace la cioccolata, ma amara, gli piace la montagna, odia il mare...» Mi avvinghia e mi porta giù sul letto.

«Smettila subito.» Un braccio mi fascia il seno da dietro.

«Che vorresti sapere?»

«Più che sapere voglio una descrizione vivida per immaginarti con lui quando non sei qui.» Lascio scorrere il palmo della mano sul suo braccio.

«C'è poco da sapere ormai, credimi...»

«Poco non vuol dire nulla.»

«Il degradante non è eccitante.» Mentre lo dico scorro gli occhi sulla catasta di libri, lo sguardo si incastra su un titolo di cui non so nulla, ma mi sembra una risposta: *L'uomo a rovescio*, di Vargas, e mi pare una conferma, come quando si esce di casa e si cerca talmente tanto un indizio sul cosa fare o come stare, che persino un cartellone pubblicitario sembra rivolgersi privatamente a noi, anche se visto da migliaia di persone.

«Il degradante invece può essere eccitante.» Mi discosto e riprendo la ricerca del trinciato.

«Che ho detto?»

«Non fare così...» Come a riprendermi il regalo della confidenza donata. «Mi dispiace» aggiungo subito. «Solo che non mi va questo. Piuttosto, ti va di farmi delle foto di ciò che ti piace per quando non ci sono?»

«Sei matta...» L'idea lo stuzzica, perché mentre va nell'altra stanza a prendere il cellulare, scorgo che tra le gambe è di nuovo pronto. Torna di qua correndo.

«Guarda che non sparisco» dico, fumando a pancia in giù, le gambe da dietro che sforbiciano lente nell'aria rompendo le volute di fumo. «Così?» domando.

"Sì..." mi fa con il capo, senza fiatare. Mi lascia fare per un po', poi rompe il ghiaccio, o meglio, lo rompo io, dunque diventa più specifico. Accende e spegne le luci, prima quella grossa del soffitto, ma non lo convince, poi quella del comodino, ma neppure quella, allora con il flash, «Troppo piatto» commenta, avvicinandosi alla tapparella chiusa, la tira su, lo vedo più soddisfatto. La luce entra e batte sul letto, e a ogni mio movimento il pulviscolo riempie brulicante le lame del sole che filtrano dai vetri zeppi di aloni e graffi. Fa dei totali e poi scende in dettaglio, con protagonista sempre la sua mano che dapprima mi sostiene il seno, poi per metà dentro, poi mentre mi stringe una caviglia. Nel mentre io lo immagino dopo, solo, intento a ricreare con queste foto intimistiche la situazione, gli odori, il tatto, il moto, in piedi qui da qualche parte in casa con i polpacci duri, tirandogli il collo senza sosta.

Sento che è il momento. Voglio andare a queste costellazioni, ma sia Vit sia Livia non capirebbero, o forse sì, ma non mi va di rischiarmela.

«Che fai tra due giorni?» gli domando mentre infilo le gambe nei tunnel dei pantaloni e chiudo la zip.

«Son qui, passi?» È rimasto svestito, si aspettava una seconda tranche, ma devo deluderlo, non manca molto alla campanella d'uscita da scuola.

«No, no... cioè, sì. Ti devo chiedere un favore grosso... Posso lasciarti Giorgio per qualche ora?» aggiungendo una rapida preghiera unendo i palmi delle mani.

«Ok.» Si gratta l'orecchio guardando nel letto lo spazio vuoto che lascio.

«Ti ringrazio, vuol dire davvero molto.» Gli schiocco un bacio sulla spalla nuda, uscendo poi dalla stanza per raccattare i vestiti che mi ha comprato Figurati io.

«Massì, io e lui ci intendiamo, anzi, sarà bello, stai serena.»

«Davvero molto» ripeto, aprendo la porta di ingresso dell'appartamento.

«E grazie per...» Picchietta con l'indice sullo schermo buio del cellulare sorridendo.

«Ciao, Filo. A presto.» Sento la porta chiudersi quando ormai sono giù nel giro scale. Camminando per raggiungere la fermata accanto alla farmacia all'angolo della via, mi sento umida a ogni passo, non mi sono neanche sciacquata, lattice e umore si mescolano impregnando la mutanda che strofina e solletica. Alzo il braccio per palesarmi al guidatore, con me non sale nessuno, l'autobus è deserto, solo una rumena, con espressione incurvabile, guarda fuori dal finestrino qualche fila davanti a me. Mi siedo sul sedile di plastica blu, a cavalcioni sul bordo arrotondato che passando spinge verso l'interno il tessuto, e tornando indietro lo tira fuori, senza resistenze. Osservo di tanto in tanto la donna che guarda fuori, ma senza focalizzarmi, distrattamente. A un certo punto mi tappo la bocca perché mi viene da ridere. Ho le gambe molli e ancora rido quando l'occhio mi cade sulla mezza palla nera con le telecamere a circuito chiuso del bus che pare guardarmi fisso mentre prenoto la fermata.

13

All'angolo della scuola, a una cinquantina di metri dal cancello d'ingresso, Livia mi fa cenno con la mano di raggiungerla. Giorgio non c'è.

«Dov'è Giorgio?» le chiedo all'istante.

«Si era detto che avremmo provato in questi giorni, non ricordi?» Ah, già, ora mi torna in mente, quell'idea del farlo uscire autonomamente e farci raggiungere qui all'angolo.

«Giusto, giusto» faccio appoggiandole una mano sulla spalla. Puntiamo gli occhi sull'uscita, guardando le teste che escono per prime.

«Gli ho detto: adesso io devo andare, la mamma ti aspetta all'angolo, mettiti il cappottino, prendi lo zaino ed esci tranquillo. Dovevi vedere che faccia ha fatto, ma funzionerà...» Non rispondo. Gli sportelli delle auto ricominciano a sbattere, i clacson a strombazzare e le classi dei più grandi cominciano a uscire sparpagliate, come se lasciassero un edificio in fiamme alle loro spalle.

«Ma dov'è?» dico, strizzando gli occhi e la memoria per ricordarmi come l'ho vestito stamane.

«Ci siamo, ci siamo, non dovrebbe mancare molto.»

«Ma guardaci, sembriamo ingaggiate da qualcuno per una faccenda di corna.» A me ha fatto ridere, Livia non rompe neppure una ruga, mentre nonni, fratelli maggiori, mamme e papà ci passano accanto con in spalla gli zaini dei bimbi.

«Eccolo lì!» mi fa, puntando un dito rigido in direzione di Giorgio, che si guarda attorno, scruta lontano, prima dalla nostra parte, come a scorgere distante l'arrivo del treno, poi dalla parte opposta.

«Una stecca di sigarette se non prende e parte verso l'altro angolo, sta' a vedere...» commenta Livia con un filo di voce. Ed è proprio così. Giorgio rompe gli indugi e con passo deciso si incammina, dandoci le spalle, verso l'angolo opposto.

«Veloce.» Mi prende per un braccio e ci facciamo spazio, contromano, nella processione dei parenti sul marciapiede, e in pochi metri gli siamo addosso. Guarda Livia, guarda me, con due colpi di frusta rapidi dello sguardo.

«Oi, fermati» gli dico, sfilandogli lo zaino da una spalla, ma lui si gira e mi afferra con la bocca il mignolo alla radice e morde con tutta la forza che ha. Un dolore viola e verde, intenso, che mi fa urlare; le dita di Livia divaricano la sua bocca e io tolgo via la mano sventolandola nell'aria, allontanandomi da loro di qualche metro, mentre sento Livia sgridarlo con della retorica lieve che mi fa ancora più incazzare.

Gli dice: «Guarda la mamma, ha male adesso». Quando la mareggiata del dolore si placa un poco, alzo lo sguardo e molti degli altri genitori, dopo essersi fermati a osservare increduli la scena, si stanno rimettendo in moto verso le loro destinazioni.

«Le tue idee di merda!» le dico, retrocedendo di un passo, perché mi rendo conto di parlare a un palmo dalla sua faccia. Lei muta, con me, continua a parlare in tono flautato con Giorgio. «Ma andate in culo!» Piantandoli lì mi incammino, con la mano che pulsa come se il cuore avesse traslocato dalle sue parti. "Testa di cazzo!" Per un po' mi balena nel cervello questa frase, quasi a fior di labbra rabbiose, rivolta a lei e lui; nel mentre mi giro e li vedo andarsene mano nella mano placidi e sereni, come io fossi di poco conto. Mi fermo, e a ogni secondo che mi sfida scorrendo, nel gioco che ho architettato nella mia mente, che chiamo: «se ti giri è tutto a posto», mi assale una rabbia autentica che contrae i muscoli delle braccia e fa tremare le gambe. Nulla, a monte, il gioco viene sparecchiato, hanno girato l'angolo, e io adesso mi sento una stronza, e lo lascio vincere, nonostante quella parte che mi urla: concediti la giusta collera. Non fosse per altro, ma Livia ci lavora qui, deve essersi vergognata e non poco. Respiro rumorosamente, come a voler dragare dai polmoni tutta questa elettricità che mi attraversa. Mi viene in aiuto una vecchia tecnica che ho letto, tre secondi per prendere aria, sette secondi la trattieni e per otto ti svuoti, e funziona, perché in una manciata di minuti sono più radicata a me stessa, più in controllo. Circumnavigo il palazzo per raggiungerli dall'altra parte, ma non ci sono, devono aver preso un'altra strada. La chiamo sul cellulare.

«Scusami...» dico, nel silenzio di una non risposta. «Puoi dirmi dove siete?» Deglutendo nulla, la bocca secca.

«Solo se ti sei calmata, altrimenti sta' sola, e io lo accompagno a casa.» Vorrei dirle che non ci arrestano anche se saltiamo questa parte in cui mi parla con questo tono immobile da assistente sociale.

«Certo, certo, sono calma, dove siete?» Ma non ho voglia né bisogno di andare a cercare se c'è ancora vita sotto la cenere di una brace apparentemente spenta.

«Siamo sul corso, quasi alla chiesa, ti aspettiamo là davanti.»

«Arrivo... grazie, Livia, sono più che mortificata, credimi.»

Mi avvicino a Livia e Giorgio chiudendo gli occhi per qualche metro, come durante un prelievo di sangue, non guardando l'ago, attendendolo, sperando nella manualità gentile dell'operatore.

«Eccomi qui!» dico con un tono finto trafelato che, al contrario del mio intento, indispone Livia, che interrompe la marcia.

«Ecco la mamma...» fa lei abbassando lo sguardo, rivolgendosi a Giorgio.

«Senti, Livia, scusami per la piazzata, scusami per tutto... è solo che...»

«Lo vedi quel glicine?» mi interrompe, indicando un serpentone di rami secchi che si arrampica da terra sulla facciata della chiesa.

«È morto?»

«No davvero, tra non molto tornerà verde, con grappoli bianchi lunghi come calze appese, ma non è questa la particolarità interessante.» Inarco le sopracciglia in segno interrogativo. «Il glicine è un rampicante, ma non è come l'edera o la vite vergine, ha bisogno di appoggi per arrampicarsi, è tentacolare, non ha ventose, si avvinghia su tutto quello che gli concedi, e ogni stagione, se gli gira bene, può allungarsi di due metri.» I suoi occhi percorrono i nodi dell'arbusto. «Ma devi essere certo del materiale che gli dai» continua guardandomi nelle pupille e tornando a osservare la pianta. «Piega l'acciaio il glicine, fa cascare i cancelli, i pergolati, e se non trova dove arrampicarsi sai cosa fa?»

«No.»

«Si autostrangola, letteralmente, con una dignità poetica che mi lascia attonita.»

«Wow.» Riprendo a guardarla con improvviso interesse.

«La gente le prende sottogamba, ma sono creature impegnative. È impegnativo prenderti l'onere di dare continuamente strada a qualcosa o qualcuno, no? Ma se ce la fai, con amore e impegno, non ci sarà colonnato, marmo o statua più maestoso.» Mi sorride e mi scruta, come una professoressa che ha terminato la lezione e si sincera di aver coperto ogni argomento. Io l'ho capita, la lezione.

«Tornerò a vederlo senz'altro.» Che in codice vuol dire: rifletterò.

«Bene» conclude lapidaria, e ci rimettiamo in cammino sul marciapiede, le biciclette che sfrecciano sulla ciclabile tra noi e le macchine, come fosse una scala evolutiva didascalica, dove dapprima si va a piedi, poi su due ruote, poi su quattro.

«Non trascinare i piedi, Giorgio» prendendolo per mano, mentre pattina sul pietrisco.

«Come va con Vit?» mi chiede Livia, come a dar la stura consapevole a un malato.

«Non va.» Faccio no con la testa nella porzione di terreno che supero mentre parlo.

«Non va, o non c'è?»

«Entrambe...»

«No, non va implica il tentativo, non c'è neppure quello.»

«Allora non c'è. Non ci siamo preoccupati di fare scorte.»

Livia ruota il collo verso di me camminando. «Non ho capito.»

«Non abbiamo avuto il tempo di radicarci per bene, un figlio andrebbe fatto dopo una relazione che dura almeno quarant'anni, ma capisco il paradosso temporale.»

«Si può smettere molto prima di rompersi» abbassa la voce «i coglioni» la rialza «con il proprio irrisolto.» E mi domando che ne sa lei, che ha scelto la solitudine. Quando mette piede in un territorio così straniero a lei vorrei dirle e mostrarle il cumulo di compensazioni su due gambe che è, ma torno a dire: non è malintenzionata.

«Tu dici l'irrisolto, io lo chiamo pregiudizio costante. Qualsiasi cosa ci diciamo io e Vit non è mai solo quella, il concetto scappa e tutto ciò che conta è il mettere in testa i perché e i percome sia nato quel concetto di cui ormai non c'è più traccia sul tavolo, e magari ci fosse ancora la voglia di deturparsi nelle discussioni, no...» alzo le spalle e le riabbasso «manco più quello, che fa ammalare, certo, ma almeno la bestia è viva, mi spiego?» Livia tace per secondi interi e tondi, mi domando se l'ho scandalizzata.

«I figli» rompendo il silenzio «qualsiasi figlio, fino a una certa età possono essere un lucchetto di carne, se si accetta la funzionalità con onestà, così credo e ho visto accadere tante volte.»

«Ma io mi danno e so che nostro figlio spalanca all'altro cose che tra noi soli non vedevamo, ma non basta più. Qualcosa ci ha sfrattati dalle nostre vite, dal nostro amore, e resi meschini, così tanto che io provo schifo per quello che siamo ora.»

«Ma se è così distante ormai la soluzione, perché vi ostinate?»

«Eh... perché, perché...»

«Perché?» mi incalza e lo trovo volgare.

«Perché ormai. Ormai.»

«Ormai non vuol dire niente, scusami.»

«Ormai invece vuol dire tutto, ormai è un altro modo per dire ho paura, per dire: e poi?» Non riesco a trattenere il veleno ed esce, educatamente, ma esce, ed è tutto per lei. «Per dire: ma poi da sola che faccio?»

Livia non accusa la botta, o forse non le è proprio stata consegnata come mi figuravo mentre la dicevo, rimane una bassezza intima tutta mia, ciononostante mi affretto a chiudere.

«Possiamo cambiare discorso, ti va? Sì?» Non è una domanda cortese, è un'imposizione che non può rifiutare.

«Massì, certo, come preferisci.» Lo dice educatamente, come la persona che è, ma posso vedere dalla sua espressione facciale che sta ingoiando sul nascere una frase che le è rimasta a mezz'asta, dovrei dirle "dimmi", o qualcosa del genere, ma sono stanca di questo balletto formale, e la mano dondolando a testa in giù al fondo del braccio non smette di pulsare. Ciò che segue è una camminata a singhiozzi fino a casa, in cui ci fermiamo a zig zag ad accarezzare cani, convincendo le mani di Giorgio che incedono come verso una fiamma; parlando con lui, cantando e osservandolo. Io, di tanto in tanto, ho bisogno di osservarli da fuori, allacciandomi le scarpe, sempre al passo di un sentimento che sento di non poter trattenere come tra le mani l'acqua, quando si è immersi in essa per intero, impossibile, si è trattenuti, è il fuori da quell'acqua che rende possibile il separarla, dunque capirla.

«A domani.» Sorride e carezza me per prima, sulla guancia, poi Giorgio. Anche questo lo trovo volgare, ma le sorrido anche io e saluto. Siamo cosa sua, o peggio, entrambi bambini. Ma lo spengo subito questo pensiero contorto dettato da una giornata sfiancante.

Aprendo il portone la guardo ormai distante e senza dirlo produco uno "scusami" che nella mia immaginazione esce dal petto, azzurro, fluttua nell'aria, passa tra i due signori che parlano fuori dalla farmacia che lei ha appena superato, entra nell'abitacolo della macchina che sta passando in strada e riesce dall'altra parte, la raggiunge, le sale sul collo, gira attorno al lobo dell'orecchio, percorre in diagonale la guancia e le entra nelle narici.

14

Dalla buca delle lettere esce di taglio il volantino di sconti e offerte di una catena di supermercati, nella scatola gialla del cartesio accanto se ne contano già molti, sfilati e buttati; se c'è una costante che ha resistito nel tempo da quando ero bambina a oggi è proprio questa: la soddisfazione riparatrice che dà da sempre il rifiutare. È sotto la pelle della storia dell'uomo, è nel non rispondere al cellulare, nel replicare a un messaggio dopo ore anche se sfaccendati, perché essere disponibili alla bisogna è da profilo intellettuale minore, è nel mettere in pausa le persone, sta tutto lì il solluchero, come ama dire Figurati io.

La pausa è una declinazione del potere, una passività aggressiva a lama spuntata ma ficcante, e quindi ho ben memoria di mia nonna, buona donna, che tornando a casa e vedendo nella buca delle lettere quel cartoncino rosso, giallo o verde stazionare con il muso di fuori, lo afferrava con stizza eccessiva e lo gettava via, come a dire: vai a fanculo, mondo tutto. Ma io questo nervo non ce l'ho, mi riconosco una disponibilità più che immediata agli stimoli esterni, dove posso, io ci sono, ed è per questo che porto sempre in casa e accumulo questi foglietti, perché non c'è il mondo bastardo là dietro, c'è un ragazzo che si trascina appresso un carrello della spesa e si fa ogni portone del quartiere per una cifra misera, e ha la stessa dignità di un postino, anzi, di più, perché prendendolo mi accorgo della bolletta, eccola lì, amorfa, senza colori squillanti, accasciata su un lato tra le pareti della buca: centotrenta euro. L'immagine di una banconota da venti euro mi si staglia in mente, è ciò che resta dalla bolletta che cozza con i centocinquanta che mi ha dato Figurati io. Andati.

Puzzo di rabbia, che è un'altra cosa dallo sport. La mano mi fa un male cane, mi passo tre dita sotto l'ascella sinistra quando è il suo turno, con tutta calma la infilo nella manica della tuta da casa, ma un errore di leggerezza mi prende contropiede mentre tiro su i pantaloni, il mignolo trova resistenza nel tessuto della giacca all'arrivo attorno alla vita, il male è così forte che vorrei silenzio generale per qualche minuto in tutto il palazzo. È come insaccarsi un dito afferrando una palla decisa.

Giorgio tuffa e ritira le mani nell'acquario vuoto e disabitato dal pesce rosso che ci ha salutato mesi fa a pancia all'aria immobile sul pelo dell'acqua, ora, al suo posto, pieno per metà di sabbia grigia delle sponde del fiume. Lo vedo sereno, si intrattiene, è un momento di pace. Sciacquo il tagliere accarezzandolo con la mano e mi siedo al tavolo, il sole è ancora alto, faccio difficoltà a farmi venire una qualsiasi idea d'appetito se fuori non è buio pesto, fosse per me si mangerebbe alle dieci, ma non vivendo sola, industrio un contorno di carote caramellate per cena, e ghigliottinando il collo lungo della carota: *tac!*, la lama tocca il tagliere, *tac!*, Vit, sta timbrando l'uscita, *tac!*, è in macchina, *tac!*, per ogni semaforo che so a memoria del tragitto che fa, *tac!*, cerca parcheggio, *tac!*, fuma una sigaretta davanti al portone prima di salire, *tac!*, eccolo all'ingresso. «Ciao» dico alla porta del bagno che si chiude e all'acqua del rubinetto che scorre a lungo, mentre si lava le mani. Entra in cucina, ha la faccia congestionata dal cattivo umore.

«Ho visto Figurati io, oggi, mi ha dato dei soldi.» Lo svelo subito, costruendo un ponte comunicante distensivo.

«Bene» mi risponde ruvido, come fosse dovuto, come avessimo fatto appena il nostro dovere.

«Ma se ne vanno via subito perché c'era una bolletta in buca quando siamo tornati.»

«Un pensiero in meno. Ho fame.»

«Troglodita...» mi dico in bocca, senza muovere le labbra, girandomi per prendere le carote e gli spaghetti.

«Come scusa?» mi chiede, con una voglia pazza di fare a parole affilate.

«Ho detto: va condita. La pasta.»

«Mi era sembrato...»

«Che cosa, ti era sembrato?» sbattendo il sottopentola a griglia metallica sul tavolo. D'improvviso a me è venuta voglia.

«Stai calma, siediti.»

«Ma certamente.» Mi siedo davanti a lui dall'altra parte del tavolo, che impugna di già la forchetta, come se non mangiasse da un mese.

«Dimmi, cosa ti era sembrato?»

«Mi era sembrato di sentirti darmi del troglodita.»

«Ma lo sei, lo sei... quant'è vero che ti chiami Vittorio.»

«Io lavoro in fabbrica, scusa se non penso alla forma quando torno a casa mia.»

«Ma lo vedi che non capisci un cazzo.» Abbiamo entrambi i gomiti puntati sul tavolo, davanti al petto un triangolo, retto alla base dal tavolo e gli altri due lati costituiti dalle braccia che salgono inclinate terminando nelle mani. «Ma chi guarda più come ti conci, la forma è quella della tua persona. Tu menti, sai benissimo come ti comporti.»

«Come mi comporto? Dimmelo tu.» Svuota i polmoni con la U di tu, mi arriva un'aria calda sulla faccia che scuoto via come capelli sul viso.

«Sei una bestia.» Mi lascio cadere contro lo schienale.

«Rieccoci.» Si strofina la fronte con il capo inclinato verso il soffitto. «Hai il galleggiante che tocca in alto, e allora ti sfoghi, come hai sempre fatto.»

I gomiti mi ricadono sul tavolo e il mio indice punta dritto verso il suo naso.

«Ho il galleggiante, sì, ma secco sul fondo.»

«Tu nella guerra ti ci fai il bagno, ti ripulisci, proprio come tua madre, ci fate le bolle di sapone, ma io no!» La sua voce, adesso alta, esce dalla stanza, esce dalla porta e si espande nelle scale. «Capisci una buona volta, santo cristo?!»

«Abbassa la tua merda di voce» dico, con i denti serrati.

«E tu allora abbassa la tua merda di saga» facendo esplodere le dita in fuori nell'aria dal pugno chiuso.

«Non lo fare, non sono più una bambina, non funziona più lo strumentalizzare i lati sgradevoli di mia madre, non ci casco più, quella fune si è spezzata, manipola 'sto...» Mi indico, con le mani tese, tra le gambe.

«Ma sono io il troglodita, eh?»

«Non gradisci troglodita?»

«No, non lo gradisco.»

«Ah sì? Posso cucinarti una parola migliore, già che son qui ogni sera a sfamare un cane che mangia dalla ciotola e va a cuccia. Cane, sei un cane, ecco, sei un cane...»

«Dovrei scodinzolare di più allora, sta tutto qui il delitto.»

«Sì, bravo, scodinzola un po' per me.»

«Tu sei pazza. Sempre stata... Non sai avvitare una vite senza aspettarti un applauso.»

Un pugno mi cade sul tavolo sorprendendolo, le palpebre gli si chiudono e si riaprono reagendo al botto improvviso.

«Io vi dedico tutta me stessa, non basterebbero tre vite di applausi per risarcirmi, stronzo. La vedi questa mano, pezzo di merda? È morsa, come tutta la schiena. La mia vita è prendere morsi, sentire questo e quello che elargiscono consigli da posizioni distanti, e tornare a casa e fare da mangiare a te, e una volta fatto confrontarmi con il nulla. Così, ogni cazzo di giorno...»

«Sicché sei una santa.»

Affondo gli occhi dentro i palmi sudati delle mani. «Non mi provocare, Vit, non mi provocare.»

«Io lavoro, ogni giorno vado in un posto che odio, a parlare con persone che al contrario si sentono a casa e ti trovano strano se non sei come loro, e allora fingo che la mia ambizione stia tutta lì, a volte ci credo davvero e allora sto bene, per qualche minuto sto genuinamente bene, ma poi mi guardo intorno e ci sono solo tubi di aerazione su tutto il soffitto, e rumore, e gente esausta, poi torno a casa e trovo pure te esausta, ogni cazzo di giorno. E non posso fingere più, dopo che l'ho fatto tutto il giorno, ma se è questo lo scodinzolio di cui hai bisogno, allora va bene, ci lavorerò su e andiamo avanti così, fino a che non mi sparo in bocca.»

Sono attonita, non si è mai aperto tanto, e per stasera per me può bastare.

«Ma perché non ce ne andiamo allora? Se sogni le

montagne e in cambio hai i tubi dell'aerazione, perché non riprovare a gestire un rifugio, dico io?»

«Un rifugio... Non ho più l'età né la pazienza per stare dietro ai dispetti e ai doni che ti fa la montagna. Ma no... che follia.» Si massaggia il collo inclinando la testa a destra, poi a sinistra.

«E allora pistola...» commento, versandogli la pasta nel piatto, che ormai tiepida si è rappresa su se stessa.

«Pistola, pistola...» Sorride, sornione, mentre dà aria con la forchetta alla matassa degli spaghetti. Giorgio mangia le carote caramellate e un po' di pasta, strizzando gli occhi ogni volta che deglutisce, come una lampadina avvitata male. Mi tira la manica della tuta, ha sete, allora mi alzo e dal congelatore prendo i cubetti di ghiaccio. È un disagio che ci portiamo dallo svezzamento, non riesce a bere liquidi, e allora spacco il ghiaccio in ostie sottili che non gli vadano di traverso e lui ne mastica una decina o più, fino a quando non ha più sete. Bere non è semplice come buttare giù un bicchiere d'acqua.

«Lavo io i piatti» dice Vit.

«No, faccio io» guardandomi la mano che si sta sgonfiando. Lo so dentro di me che dovrei apprezzarlo, lasciarlo fare, ma non ci credo più, sono disillusa e abile ormai nel riconoscere una coda tra le gambe, quando è premurosa. Quanto può durare? Non è la soluzione, i cambiamenti, quelli reali, non sono fiammate di insolito, ma piccoli lavori all'insaputa, che mutano l'intimo; la verità è che entrambi abbiamo già tirato le somme su tutto, e siamo grandi ormai, in due componiamo un grande corpo esanime, nessuno ha però il nervo per comunicarlo a parenti, amici e figlio. Tant'è che non se lo fa dire due volte, non insiste per lavarli. Gioca un po' con Giorgio sul tappeto e si prepara per la notte.

Mi sento presa in giro, tanto che provo il bisogno di sovrastare me stessa; ci pensa l'acqua bollente per i piatti che non diluisco con la fredda, la spugna che si carica di calore e brucia nel palmo quando la strizzo. Quando ho finito ho le mani cotte, con i polpastrelli in rilievo a sbalzi come la corteccia di un albero. Seduta al tavolo, stappo i Carioca del colore che Giorgio mi indica, li sovrappone fino a far diventare sempre tutto una macchia marrone frastagliata ai bordi, poi si annoia e va in camera, come suo padre. Rimango seduta per terra accanto al letto fino a che non si addormenta; molte volte mi sveglio nel mezzo della notte, ritrovandomi in quella stessa posizione. Gli occhi mi bruciano dal sonno quando entro nel letto e spengo la luce sul comodino. Il fresco del cuscino mi dà piacere e sollievo alle mani, sento Vit dormire alle mie spalle, chiudo gli occhi per prendere sonno quando una sua mano mi scopre il sedere e già eccitato, su un lato, trascinando il bacino sul materasso, mi prende per qualche minuto insapore che mi concilia il sonno e crollo.

15

Il barista insacca nel secchiello del ghiaccio la paletta versando qualche cubetto nel bicchiere da media e me lo allunga sul vetro temperato del bancone.

«Quanto le devo, per questi e un caffè?» Lui sorride a me, e a Giorgio, seduto sulla sedia del tavolino da due, le gambe che ondulano lontane da terra.

«Solo il caffè» con aria di compassione mielosa ma nei ranghi. Mi sarei scandalizzata mi avesse chiesto una qualche differenza per il ghiaccio, penso, mentre dico grazie e lascio l'euro e torno al tavolino. I pezzi sono abbastanza piccoli, lo lascio masticare e bere con tranquillità. Riconosco un paio di volti che ieri mi hanno visto dar di matto, incaglio un sorriso sghembo che peggiora l'imbarazzo, sotto quegli sguardi che mordono come una tenaglia; cerco di fare la sciolta, guardo l'ora nel quadrante dell'orologio Coca-Cola sopra la macchina del caffè, mancano quindici minuti, con la coda dell'occhio mi sento ancora osservata, sul tavolo non c'è neppure una rivista o un giornale di cui farmi trincea, prendo il cellulare e lo sblocco, un gesto che non mi è naturale, non so che farci, sul motore di ricerca cerco l'Ansa, in testa titola «Trump aprirà una sua piattaforma social», e mentre scorro alla prossima notizia che parla di un altro che tornato a casa ha sparato a moglie e figli nel vicentino, mi accorgo che in contemporanea il ragazzo del bar ha tirato fuori il telefonino, anche la signora accanto a noi e le due che mi osservavano, ho la sensazione di essere in un duello in un saloon nel Far West tra le Montagne Rocciose, i telefonini estratti dalle fondine come rivoltelle; ma perché se uno tira fuori il cellulare tutti lo seguono? Non ho più bisogno, l'imbarazzo è scemato, nessuno è più realmente presente. Dalla vetrina dirimpetto alla scuola, vedo i puntuali, di corsa, prima di andare al lavoro, affidano a genitori con meno pressa i loro pargoli, ringraziano, fanno ciao e ripartono. Livia compare nell'inquadratura della vetrina, ha con sé una persona, lancia rapidi sguardi qua e là con gli occhi in un perenne cipiglio. Cerca me, ne sono sicura. Usciamo dal bar e le avviciniamo dall'altra parte della strada, davanti al cancello. «Eccoli!» dice Livia, con la voce alta ed entusiasta degli amen delle credenti in campagna, e a me fa strano, come se mi avesse tirato una serpe tra i piedi. La ragazza che segue Livia si è chinata, e spettina i capelli di Giorgio nel presentarsi, io guardo Livia con interrogativo palese e lei si affretta a presentarci. Si chiama Veronica, Livia la chiama

«Vero», io invece mi riempio la bocca e capriolo la lingua per dirlo intero, primo strike. Non fosse per i capelli ondulati e curati direi senza timore di contraddittorio: Digos; il piumino a grammi leggeri, i jeans blu, le scarpe da ginnastica e una specie di ghigno molle che a suo dire e sentire dovrebbe essere un invito a entrare.

«Vi lascio, noi entriamo» dice Livia e scompare nella scuola con Giorgio, lasciandoci lì alla fede di cristo, come due cani maschi in un recinto che potrebbero giocare o azzannarsi, nessuno può dirlo. Le sorrido con circostanza, lei restituisce, l'assurdo e la situazione non la smuovono di un millimetro, non sente di dover dire nulla, o fare alcunché. Snocciolo frasi di smorzamento, fino a che non mi sento come mia madre e il suo terrore asfissiante per i silenzi e taccio, perché ho la sensazione di essere già stata raccontata da Livia, e di essere gestita, al momento. Non mi piace.

Le do il buongiorno e mi incammino. La sento seguirmi, dovrà andare dalla stessa parte, mi dico, invece no, perché quando cambio marciapiede mi è ancora dietro.

«Dimmi» piantonandomi e girandomi indietro.

«Chiacchieriamo un po'?» risponde spiccia, con una concretezza di intenti che suggerisce sempre più il suo ruolo.

«Sei dell'assistenza sociale, sì?» le chiedo, asciutta e senza preamboli.

Con altrettanta asciuttezza mi risponde di sì.

«Ma che approccio è?» domando indicando con un dito lei e la scuola in lontananza, sottendendo Livia, e mi rimetto a camminare.

«Che fai in queste ore?» insiste, mi bracca.

«Non sono affari tuoi, dico bene?» rispondo senza girarmi e aumentando la falcata.

«No, male. Possiamo parlare e capire, o non farlo e segnalare.»

«È una minaccia?» dico, arrestandomi sul posto.

«Finalmente ti fermi...» commenta, con il fiato in affanno.

«Ripeto, è una minaccia?»

«Non è una minaccia, anzi.»

«Anzi?»

«Anzi voglio capire se posso aiutarti, Livia mi ha detto che sei rara e una madre indomita, ma è preoccupata per te e per Giorgio.»

«Preoccupata?» Nella mia testa c'è la proiezione privata di un film intitolato: cazzi amari.

«Ma è per ieri?» le chiedo sapendo già la risposta, mentre sento arrivare le ondate del panico, dal petto si estende nel cranio producendo una piccola tormenta dietro gli occhi.

«Non sono gli episodi, è l'insieme che la preoccupa.» Mi carezza la spalla.

«Preoccuparsi è un verbo così duro.»

«Allora togliamolo. Diciamo: cooperare. Ti va?» Ci sediamo su un gradino davanti a una serranda chiusa, con dei bidoni a rotelle davanti come séparé.

«Cooperare è meglio, non ha dislivelli intrinseci.»

«Ti capisco e scusami, ho scelto poveramente le parole.»

«Io non sono matta né un pericolo per mio figlio.» Lo dico perché non mi va di cincischiare e allora sparo più in alto che posso e attendo quello che casca.

«Ma non lo penso minimamente. Possiamo resettare tutto?»

«Puoi essere più assertiva e non concludere ogni frase con un punto di domanda? Sono mediamente intelligente, io.» Sei entrata senza preamboli, mi segui per strada, io adesso approfitto della compostezza che il ruolo ti impone, mi dico, giustificando il mio tono. Infatti, esattamente come Livia, mi interdice, non bada e incede, come i segugi quando liberati poggiano il tartufo a terra e chiudono le orecchie seguendo una traccia.

«È normale essere stanche, è normale fare pensieri di cui ci si vergogna, sono qui per parlarne con te, per confrontarci. Sono mamma anche io.» A me suona come una micidiale banalità, una voce a un'adunanza di alcolisti: mi chiamo Veronica, e bevo fino a schiattare, e questo ci rende amici nella sventura, vogliatemi bene. Sorrido da sola per il pensiero, poi mi accorgo che lei mi sta guardando.

«Scusa, non c'entri, mi è venuta in mente una scena» smettendo di sorridere. «Dicevi che sei madre anche tu.»

«Parlo ancora al presente, anche se non c'è più, ma l'essere madri non ha né tempo né spazio, quindi mi confondo ogni tanto.» "Ok, ben fatto, mi fai tenerezza ora" mi dico, guardandola sotto gli occhi, notando solo adesso l'imbarcatura nel taglio espressivo, che le lacrime e l'insonnia hanno modificato nel tempo come il vento leviga la roccia.

«Come è successo?» So bene che me lo racconterà, non ha scelta, c'è la mia fiducia in gioco.

La vedo scrivere con gli occhi sul marciapiede mentre parla. «Si chiama Simone.» Il nome di suo figlio le fa accartocciare le labbra. «E non l'ho difeso da mio marito.»

«Che intendi?» chiedo mentre immagino dove mi sta portando.

«Litigavamo di continuo, di continuo. Da anni, senza tregua né rimorsi. Facevo l'avvocato divorzista al tempo, e vedevo continuamente persone ridotte ai minimi termini ma ostinate, provare ancora e ancora a modificare l'altro, e viceversa. Con costanza cieca, tentare di ricreare loro stessi nell'altro anziché lasciare andare e disarcionarsi. Un avvocato non può autorappresentarsi, scelsi un'amica che mi portò a una vittoria degradante, non c'è nulla da vincere per davvero, la legge non appiana, o almeno, per noi non è stato così. Lo ricordo ancora, uscire dall'aula con Simone per mano, dirmi: "Andiamo a fare la pipì", e poco dopo gli spari. Lo capii subito ma non li vidi mai, transennarono immediatamente il bagno, a oggi mi dico fortunata per questo, perché i giornali non ci andarono leggeri, poi qualcuno diffuse su YouTube la ripresa delle telecamere interne.» Soffia rumorosamente come a diluire l'ingorgo di emozioni. «Si vedevano solo loro due, a scatti, comparire uscendo dall'aula, mano nella mano percorrere il corridoio passando accanto a delle persone e scomparire dentro il bagno per non uscirne mai più. Poi il video scomparve, ma lo filmai con il cellulare, e lo guardo ogni giorno, ogni giorno da sei anni, ogni giorno lo guardo e mi aspetto di vedermi comparire nell'inquadratura correndo nel corridoio, ma non succede mai, io sono dentro l'aula e ci sono ancora, a sentire e risentire il rumore sordo degli spari.»

Non so che dire, la accarezzo sulla coscia che mi sta accanto. Non so che dire, e più mi forzo e meno mi viene. Veronica tossisce un inizio di risata malconcia.

«Lo so, ammutolisce anche me. Non c'è nulla da dire, stai tranquilla.»

«Perdonami. Ogni frase che posso dire, sento che si accoderebbe a un centinaio che mi hanno anticipato...» le dico, alzando le spalle con frustrazione e impotenza.

Veronica mi guarda come un tennista ripiegato ed esplosivo che attende il servizio dall'altra parte della rete, ma io continuo a far rimbalzare a terra la pallina.

«Camminiamo un po'?» le chiedo, alla fine. Lei si alza e mi segue, con aria pacifica, tanto pacifica che arrivo a pensare di non crederle, mentre sovrappongo Vit all'uomo nel vissuto di lei, e faccio dei calcoli tutti emotivi sul perché e percome sarebbe impossibile che questo possa accadere a noi, ma l'equazione mi lascia girare in tondo quanto voglio, dà sempre come risultato un non si può mai sapere. Poi la pistola, io non saprei proprio dove reperirla, e neppure Vit, ne sono certa. Una pistola. È orrenda, ma molto meno di un coltello, che implica il lordarsi e il contatto, ma lo è più del veleno, che accade all'interno, come da remoto. Non so, dipende dalla temperatura del sentimento, o dalla magnanimità? Fossi io quel genitore sento vero questo: vorrei farlo velocissimo, quindi una pistola; suppongo gli abbia sparato alla nuca mentre si liberava nell'orinatoio a parete, e poi a se stesso, immediatamente, per non vivere neppure un secondo in più da mostro, che ne so. Il bambino biondo, ogni bambino a cui accade un'atrocità si tende a immaginarlo biondo, non che faccia alcuna differenza, ma se devo, e in questo caso devo, lo immagino così: biondo ed efebico, e dall'altra parte un uomo magrissimo, contuso o pingue, con i capelli lunghi o calvo, due eccessi, la via di mezzo la escludo. Ma sono io, senz'altro io, che tingo di mio le vite degli altri, con reminiscenze pescate qua e là, tra letteratura, cronaca e film; non è normale, penso, avere un'idea, anche solo una suggestione superficiale, su cosa sia o non sia un omicida; non per me, non per chi è un cittadino comune; come posso farmi un'idea così particolareggiata e farla franca davanti al dolore degli altri che lottano per il contrario, per lo smantellamento del ricordo? Qui la faccenda è risolta, c'è un uomo che come sfregio massimo le ha portato via per sempre il figlio, e nulla al mondo la pacificherà su questo, non accadrà mai.

«Ti stai immaginando la scena?» mi chiede, spezzando il flusso di pensieri.

«Veramente sì.» Le sorrido con compassione.

«Voglio però che tu sappia che era un uomo buono.» L'aggettivo buono mi crea soggezione e conflitto. Lo ha perdonato dunque. Non me la sento di chiederlo. Ciononostante, questo cambia tutto, non il bambino, che resta biondo e angelicato, ma l'uomo, non più così caratteristico secondo i miei canoni, ma smorzato, diluito, un uomo con barba a mezza lunghezza, i capelli canuti ai lati, sulle punte, come gli istrici, una giacca scura a coste, una camicia bianca di cotone freschissimo e l'aria strampalata e insospettabile di un prete di provincia, buontempone e beone. Poi non mi trattengo più e le chiedo cosa intende.

«Buono vuol dire buono. Non so di preciso, non me lo sono mai chiesto... mi è sempre bastata questa definizione. Sai a cosa ho pensato più frequentemente nei primi tempi?» mi chiede, portandosi tra i piedi per qualche metro un mozzicone di sigaretta.

«No...» Rispondo.

«A cambiarmi la vagina.» Mi viene da sorridere, è un pensiero talmente diretto da faticare a crederlo. La guardo con aria confusa. «Sì sì, e mi ero anche informata per una plastica. Volevo tornare a prima. I maglioni, gli orologi, la fede, tutto si può buttare e scordare, ma dopo anni di relazione, là sotto, per quanto si possa chiudere, rimane uno sfondamento, come con il parto, ci raccontano che poi nei mesi tornerà tutto al suo posto, ma non è così. Queste sono due cose totalmente distanti, ma allo stesso tempo così prossime. L'uomo che ha» prende fiato «ucciso nostro figlio, è stato dentro di me, da dove è poi nato, e ancora, dopo, per anni.»

Le dico che mi dispiace per tutto questo.

«Poi non l'ho più fatto, non so dire perché ma l'idea è passata in secondo piano e poi scordata, ma uomini no, basta, mai più avuto a che fare con gli uomini. Sono distante dal perdono, ma se ora li penso, non li vedo più nel corridoio, ma in una vecchia fotografia che ho scattato io, seduti su un masso, con le scarpe da montagna e i bastoni di legno per cercare funghi, sorridono in un luglio di tanto tempo fa, e allora dico buono, e allora piango, certo che lo faccio, mentre guardo quella foto, ma non più di un dolore frustrato, ma di malinconia, di mancanza, proprio come deve essere un lutto, senza rabbie, un addio lieve a tappe, ma ne ho tagliati di arbusti in me prima di arrivarci.»

È una storia bruttissima. Guardando la gente che ci passa accanto penso che in qualche modo sia ingiusto non condividerla, andrebbe strillata come ogni male, uscire di casa e pinzare il primo che passa per dire come ci si sente in questa vita, e poi lui o lei dire la sua, ma anche le gioie. Ci passiamo accanto come castelli in rovina e neanche ce ne accorgiamo.

«E tu, che mi dici?» mi domanda, mentre costeggiamo la piazza gremita di gente nel mercato coperto.

«Io no...» Non vedo somiglianze.

«No cosa?»

«Sento di non vivere nulla di paragonabile alla tua storia, scusa.»

«Viva dio, non cerco un club, ma di Livia mi fido, e se si dice preoccupata la prendo sul serio.»

«Preoccupata, di nuovo con questo verbo?»

«Pensierosa.» Si tira un buffetto sulle labbra.

«E pensierosa di che?»

«Può essere molto duro essere madri, specie di un bambino così delicato.» La vedo, grimaldello, piede di porco e cacciavite, si dà un da fare matto con me.

«Ma lo è...»

«E come lo senti tu?»

«Togliamo le formalità di mezzo. Ciò che trovo più duro è quello che si perde diventando madri e quello che si ha in cambio non pareggia mai la misura.»

«In che maniera ti senti diversa?»

«In ogni cosa, è totalizzante, non saprei dirtene una... ecco, anche il camminare, io non camminavo così prima.»

«Non capisco.»

«Sono sempre di corsa perché devo mangiare la vita mentre Giorgio è altrove e Vit è al lavoro. Non mi fermo mai. Non posso più.»

«E cosa ti impedisce di mangiarla, ma con loro?»

Una smorfia di fastidio si plasma sulla mia faccia,

e la solita sensazione di parlare con chi non capisce un cazzo. Peccato, mi dico.

«Tempo per noi stesse, ti dice nulla?» le rispondo con la sufficienza che si deve alla stupidità.

«Sì... mi è chiaro questo, ma per causa maggiore, specie nei primi anni non se ne ha molto a disposizione, quindi perché non li trascini con te in quello che ti piacerebbe fare, anziché rubarti la vita tra quello che rimane nel mezzo?»

Sbotto. «Io ti stimo Veronica, per tutto quello che hai attraversato, e trovo miracoloso il tuo esserci ancora, ma perdonami, devi alzare l'asticella se vuoi parlare con me. La riduzione non serve a nessuno, la semplificazione neppure. In che modo mi aiuti?»

«È questo il tuo neo, tu non vuoi vederla fattibile, perché se la vedessi fattibile allora non avresti scuse.»

«Ma che cazzo dici? Io strumentalizzo la difficoltà per autogiustificarmi?»

«Sì.» Sta lì, immobile sul concetto.

«La difficoltà non diventa altro se si smette di considerarla tale.»

«No, non è lo smettere, è il cambiare prospettiva.»

«Cambia te stesso e cambierai il mondo, santo cielo... la vita non è aforistica, sai?»

«Eccome se lo è.»

«Dimmi quando.»

«È tutto aforistico nella vita. Tutto quello su cui appoggi gli occhi, compresa te stessa.»

«Tu ti confondi, intendi dire che tutto è intriso di citazionismo.»

«No e sì.» Le faccio cenno con le mani di proseguire nel concetto.

«Aforistico perché da tutto si apprende, citazionista perché ci vuole qualcuno che te lo citi.»

«Ok, allora da me cosa apprendi? Perché ho la netta sensazione che questa sia una lezione, un transfert, nella migliore delle ipotesi.»

«Io da te imparo molto.»

«Sì, come l'antropologo osserva una tribù.»

«Ma da dove è partita la crepa, ti chiedo scusa. Mi sono aperta e desidero parlare con te.»

«L'ho creduto possibile anche io per un po', ma poi anche tu con la solita tiritera. Vi dimenticate tutti di me, dando per scontato che io ci sarò sempre.»

«Di cosa hai bisogno per stare bene, ma intendo veramente bene?» È una domanda enorme, faccio fatica a tenerla in braccio. Prendo tempo. "Di dormire" mi dico, ma è una declinazione della fuga. Forse ha ragione lei, sono una monca incontentabile, dico no a ogni protesi per mantenere il mio status.

«Di altro» le rispondo in ultima analisi.

«E cosa contiene questo altro?»

«Altro.» Non so come dirlo meglio, il mio vocabolario si restringe a questo.

«Tu riponi ogni speranza in questo luogo che chiamiamo altro, sai che il luogo qui non ti piace e accetti l'incognita.»

«L'hai detto meglio tu. Sì, così...»

«E in quell'altro non è contemplato nessuno di presente oggi, dico bene?»

«No, nessuno, altrimenti sarebbe un trasloco, e non più altro.»

«Allora più che altro lo chiamerei licenziamento, fuga.»

«Va bene... scacco, dama, otto nella buca, strike. Sei brava, e non me ne sono neanche accorta.»

«Non sono brava né ti giudico, al contrario.»

«Che contrario?»

«Io posso aiutarti a raggiungere quell'altro, ma legalmente, con carte infinite e tribunali. C'è una contraddizione di sentimenti tra il desiderare qualcosa ardentemente e la possibilità concreta di realizzarlo. Ma il cambiamento, lo si vuole realmente? O è davvero così didascalico il piacere nel desiderare e mai ricevere. Sta tutto lì il godimento ipocrita, nel desiderare due cose nello stesso istante, il dono, e la sua infattibilità?»

«Non so cosa risponderti. Cazzo...»

«Adesso sai che si può fare, ed è già molto. Voglio che tu ci pensi per bene, voglio che tu sappia che non sarebbe una passeggiata. È duro, durissimo, e si deve essere più che motivati, ed equilibrati, per il bene del bambino, l'unica parte che legalmente è vista come sensibile; non aspettarti comprensione da nessuno, lo stigma è ancora grande, ma ci stiamo lavorando.»

«Parli di adozione?»

«Prima di affido. Un periodo in cui c'è ancora spazio per ripensamenti e valutazioni.»

«Ma il padre c'è?»

«No, non c'è... ed è un altro discorso a tutto tondo.» Questa donna sa tutto di noi. Mi sento invasa, nuda, a coprirmi con le mani e basta.

«Ma io non posso distruggere così le vite degli altri.»

Veronica mi prende dalle spalle.

«Vedi qualche carta? Non è ancora nella realtà, è una porta che prima non c'era, sta lì, è solo una delle strade» mi rassicura. «Lo vedo che tremi, nel mio lavoro, è in questi momenti che vedo le persone reali di fronte a me, ed è forse il primo motivo per cui amo il mio mestiere. È sano che tu abbia paura per gli altri, e nei prossimi giorni la tua relazione di madre e compagna migliorerà, perché sperimenterai l'abbandono, e si dà il meglio di noi stessi in quel momento.» Sento il cuore tra i suoi palmi, tanto mi arriva l'amore per la missione che si è data per lavoro.

«Grazie, Veronica.» La ringrazio, bevendomela con gli occhi.

«Ma grazie a te» risponde prontamente, con lo sguardo dice: io ci sono.

Poi come un cacciabombardiere che ha sganciato l'ordigno, si impenna e si congeda. Mi dà il suo numero privato, camminiamo ancora per un po', si sincera di non lasciarmi scompensata e sparisce dentro un supermercato. Il ragazzo della sicurezza mi fa cenno di entrare o uscire, ma di non sostare sotto la fotocellula, che fa scattare le porte automatiche. Rimango immobile, entrare o uscire? La porta automatica scalpita per chiudersi e aprirsi nel medesimo istante e la metafora mi assale: dentro o fuori? Dentro, o fuori? «Signora, mi scusi, dentro o fuori» insiste il ragazzo. Lo spingo con una manata sul petto, la sento fermarsi come contro un muro. Porta alla bocca la radiolina e parla con qualcuno, intanto un capannello di curiosi si è riunito. «Ma che cazzo volete!? Sempre a guardare! Lasciatemi in pace una buona volta!» urlo, come in una stanza buia, le mani che afferrano a caso senza vedere, non ho vergogna, né timore, sento di aver fatto il giro dall'altra parte, non mi interessa più come appaio. Gli occhi si appannano ai bordi, come vetri in inverno, il cuore picchia contro le costole, qualcuno mi sta riprendendo con il cellulare, lo sento commentare dandomi della povera pazza, poi delle braccia mi afferrano i polsi, è Veronica.

«Calmati, respira... respira...» Lo ripete di continuo, nella mia testa suona ossessiva come un rosario. Poi una sirena.

«Non è per me, vero?» le chiedo nel bailamme che mi avvolge, la bocca secca, tanto secca che fatico a deglutire. L'ambulanza si ferma in doppia fila, Veronica le va incontro lasciandomi alcuni istanti, la sento dire che non c'è bisogno, di darmi qualcosa qui, ma di non portarmi via. Discute quasi animatamente.

«Non dirgli un cazzo, Veronica, non dirgli i cazzi miei...» le dico con fatica nell'articolare, quando mi pare di sentirla spiegare che sono una donna in difficoltà. Oh oh, non sento più i piedi, dalle ginocchia in giù più nulla, è buio. Veronica ce l'ha fatta, sono ancora sul marciapiede, voltata su un fianco, faccia a faccia con delle scarpe marroni antinfortunistiche, è un ragazzo della Croce rossa che mi riaccoglie nella realtà.

«È tutto ok» dice uno. «Sei una roccia» l'altro.

«Oi?» Compare Veronica, carezzandomi la fronte ghiacciata.

«Ho freddo» le dico.

«Ci credo» risponde, mentre mi alzano da terra.

«Che ho fatto?» Sento il gusto ferroso del sangue in bocca.

«Nulla di che» mi tranquillizza il ragazzo. «Ha battuto cadendo» continua mentre con i guanti mi guarda le arcate dei denti. «Tutto a posto, solo una piccola escoriazione.»

«Che spavento mi hai fatto prendere» soffia a pieni polmoni Veronica, abbracciandomi. «Sì sì, tutto a posto» rassicura con il pollice all'insù un'ultima volta i ragazzi sull'ambulanza che ci danno ancora uno sguardo prima di ripartire.

«Stavo bene, poi quell'uomo...» Indicandolo vedo che mi sta ancora guardando con l'aria di chi osserva in che buco si ripara una vipera. «Poi le porte... non so, ho perso il controllo, è stato brutto, ma anche liberatorio. Sentivo che non mi importava più.»

Veronica mi ascolta e guarda per terra a qualche metro da noi alle mie spalle, con sguardo intenso, gli occhi che scandagliano il manto stradale, come a cercare qualcosa, tanto intensamente che mi volto per osservare anche io la scena che la rapisce, ma non c'è nulla, tanto che quando mi rigiro lei mi sta guardando dritta negli occhi.

«Ma tu ora come ti senti?» mi chiede, come a volersi sincerare che io possa farcela da sola questa volta.

«Sto benone» le sorrido.

«Ascolta. Facciamo così...» Prendendomi sottobraccio incamminandosi. «Torniamo a scuola, parlo con Livia e oggi Giorgio esce prima.»

«Ma no, ma che dici? È tutto ok» con tono di una persona portata via da dove stava bene.

«Sii donna, porca puttana...» La violenza mi sciocca per un istante, poi comprendo il suo volermi fuori dal torpore, e il suo bisogno di concretezza che si tramuta anche in mio. Camminiamo, sempre agganciata al suo braccio che mi tiene alla bell'e meglio, come una guida alpina che pensa solo a portare il corpo in salvo nella tormenta. L'operatrice scolastica ci chiede chi siamo, mentre saliamo dalla rampa di scale con bande nere antiscivolo che porta al primo piano, alle prime classi, ci identifichiamo, poi Veronica mi chiede quale aula, le rispondo e bussiamo. Mi fa cenno di rimanere in corridoio.

«Vero?» La voce di Livia mi raggiunge mentre la porta si chiude. L'aula si fa silenziosa per qualche secondo, come un urlo che ammutolisce un albero infestato da cicale, e poi riparte. Il corridoio è deserto, mi affaccio ai vetri della lunga finestra di fronte alle porte chiuse delle aule che circondano a più livelli il cortile interno chiudendosi in quadrato. A una trentina di metri da me, attraversato il cortile in linea d'aria, al mio stesso piano, c'è una prof che gesticola e scrive alla lavagna, la classe rivolta verso di lei, sembra un vagone ferroviario senza sedili opposti alla marcia. Nel cortile, la palestra per metà fuori dalla struttura come una veranda, vedo ragazzi e ragazze scaldarsi correndo svogliatamente trascinando i piedi attorno al campo da basket al coperto, e la figura tozza ma tonica dell'insegnante al centro, che batte le mani per svegliarli e dar loro più ritmo.

«Oi...» Non l'ho sentita arrivare. È Livia. Appoggia una mano sulla mia schiena, tra le scapole, compiendo delle piccole carezze circolari. «Che è successo?» domanda, con un tono caldo che ben collabora con le carezze.

«Tu sai benissimo di cosa mi ha parlato» le rispondo senza girarmi, aprendo di qualche centimetro la finestra, per far uscire quella mosca che si schianta contro la trasparenza del vetro.

«Mi dispiace ti abbia fatto così male.»

«Sono così terribile come mamma e come persona?» Mi giro per guardarla, gli occhi annegati da lacrime corpose e immobili tra le ciglia.

«Ma no, certo che no...» Mi stringe forte a sé, tanto forte che posso sentire attraverso i nostri seni appoggiati il suo cuore battere agitato. «Hai bisogno di aiuto come tutti, è troppo tempo che tieni duro» carezzandomi con il dorso di una mano un occhio che si sbilancia e versa ai lati della bocca le lacrime che raccolgo con la lingua.

«E adesso? E adesso che succede?» le chiedo, incredula, dopo anni di soluzioni trovate sempre grazie a lei, io passiva, nel flusso, facendomi trasportare.

«E adesso non so cosa dirti io, devo pensarci, devo pensare a Giorgio, che è la cosa più importante.»

«Ma cosa dico a Vit, cristo...»

«Non dire nulla, non ancora.»

«Ma devo prepararlo in qualche modo.»

«No, non dirgli nulla, hai capito bene?» Parla dentro di me, non con me.

«Ma non se lo aspetta, ci rimane secco sul posto.»

«Lascia gestire a Veronica questa cosa, ci parlerà lei.»

«Veronica? Ma se lui già non può vedere te, figurati una sconosciuta.» Realizzo subito ciò che ho detto. «Scusa, non volevo dire questo.»

«Non fa niente, non ti preoccupare... Piuttosto, questo fine settimana hai modo di essere poco a casa?»

Mi rubo qualche secondo per riflettere se dirle delle costellazioni con Figurati io e di Giorgio con Filo. Poi le faccio di sì con la testa.

«Che farai?» Lei non molla.

«Mia madre mi porta a fare questa esperienza di cui non ho capito molto, si chiama costellazione familiare, qualcosa del genere.»

«E Giorgio con chi sta?»

«Vit è al lavoro...»

«Lo immagino, va' avanti...» Tutt'a un tratto riconosco lo stesso bisogno di concretezza di Veronica in Livia, si spazientisce, come parlasse con un balbuziente lentissimo nelle frasi.

«Sì, insomma, starà da un mio amico.»

«E chi è? Non ho mai sentito parlare di amici in tutti questi anni.»

«Un amico, e ti deve bastare» replico ergendo un muro invalicabile. Livia lo capisce e lascia la presa.

«Mi fido.» Le rifaccio sì con il capo guardandola negli occhi. «Voglio fidarmi.»

«Ma perché mi aggredisci così, perché mi affossi?»

«Abbassa la voce» mi fa cenno con la mano.

«Perché lo fai?» sussurro.

«Basta, basta, basta, basta.» Mi scuote, prendendomi dagli avambracci, sussurrando anche lei, penetrandomi molto più a fondo di un urlo.

«Mi fai male» le dico divincolandomi dalla presa con un furore montante.

«Ora basta, non posso più seguire rassicurandoti su ogni singola cosa che eviti di guardare, basta posporre, basta far finta di, basta tutto. Qui c'è la soluzione migliore per tutti, ti starò accanto, te lo giuro, ma basta fare la bambina, sei adulta ormai, le tette sono molto più grandi dei coglioni, cacciamole fuori, cacciale fuori! Sii coraggiosa una buona volta e pensa al bene di tuo figlio.»

«Sei proprio stronza.» La spingo via, colpendola

con le mani all'altezza delle spalle. «Zitella, frocia di merda, ma perché non ti fai una vita tutta tua anziché guardarci dall'alto come un dio delle formiche?»

«Ma io non...» fa per controbattere, ma non la sento più parlare ormai, come al supermercato, sento quella sensazione strana e piacevole, di rilascio, di ridimensionamento sui fatti della vita, di non importanza. Livia sta dritta davanti a me, come sotto un temporale, nulla la smuove, aspetta che io pioggia, io vento e io tuono ne abbia abbastanza, poi senza dire nulla entra in classe e dopo poco riesce con Giorgio per mano.

Afferro svelta la mano di Giorgio, come il resto dimenticato sul bancone di un bar.

«Calmati, per favore» mi dice Livia, mentre scendiamo a passi rapidi dalle scale lasciandoci Veronica e lei alle nostre spalle. «Ti chiamo più tardi» insiste.

«Ma vai a farti fottere...» rispondo, premendo le bande antipanico delle porte.

Usciti dal cancello lo prendo in braccio, e camminando con una mano premo la sua guancia contro la mia, come un prodotto esfoliante, come a volerlo fondere con la mia.

«Io sono la tua mamma...» poi lo bacio, copro ogni centimetro del suo viso, come gli animali con i piccoli togliendo la placenta. Più lo bacio e meglio sto, come se baciandolo lo schermassi proteggendolo da ogni questione, facendolo sempre più mio. Fa per mordermi, ma io lo bacio sui denti annientandolo, desiste e appoggia la testa sulla mia spalla. «Io non sono cattiva» gli mormoro nell'orecchio, vicino alla mia bocca come una radiolina. Di tanto in tanto scuote la testa mentre gli parlo, poi la riadagia, come infastidito da una mosca ossessiva.

16

Il *bling* di un nuovo messaggio sul cellulare mi interrompe, lo prendo con la mano libera. È Livia, c'è scritto: «Stai tranquilla, non è successo nulla. Ti voglio bene». Se è possibile, questo messaggio mi turba ancora di più, invece di calmarmi. Le sue parole mi fanno sentire come un cavallo che a fine corsa, dopo la linea di arrivo, continua per inerzia, perché non ha il senso del limite, dello stop, e allora gli uomini entrano in pista con le mani in alto, gli si parano davanti, per dare all'animale un senso di calma non verbale e fermarlo. La strada e poi l'autobus, comprese le persone al suo interno, si amalgamano informi ai lati del mio sguardo, inchiodato sulla piccola porzione di terreno che calpesto dinanzi a me. Muri grigi delle case che costeggio camminando, sprazzi di luce dei negozi, dei portoni, e le gambe dei passeggeri nei sedili accanto al mio. Ci sono, ma non ci sono, una presenza assente, potrebbe cadermi accanto un fulmine, sbrindellare un passante, macchiarmi la faccia del suo sangue, e io non batterei comunque una palpebra, non mi toglierei neppure quella goccia rossa dall'occhio, che un po' mi acceca. Quello che mi scorre accanto non ha profilo, come il panorama vicino al finestrino di un treno lanciato nella marcia, tutto si stira e si allunga in una pennellata mai sciacquata, che mischia i colori senza sapienza.

Faccio scendere Giorgio a terra, una volta in casa, e riprendo confidenza con i lati del mio sguardo. Le pareti, le porte, il tavolo, il mobile, la cucina, tutto è immobile e quieto. Solo fuori, nel cortile interno tra i palazzi, un vento lungo e denso entra e gonfia e sbatacchia le tende in pvc sbrindellate, riproducendo il rumore dei cavalloni in mare. I piccioni si riparano sui motori dei condizionatori, le porte sbattono in qualche casa, gli stracci verdi per i pavimenti appesi ad asciugare ormai asciutti e rigidi ondulano appena, trattenuti dalle mollette. Io e il vento siamo amici, per alcuni è un tormento, ma per me no, è l'azzurro più vergine quello che lascia. E poi è ladro, se non stai attento, quello che agguanta non lo ritrovi più. E quando me lo fa, mi piace pensare che non ne ho più bisogno di quell'oggetto, lo raccoglierà qualcuno a cui serve. Rasa il superfluo.

È prestissimo, mi dico, guardando l'orologio e la strada che manca alla lancetta prima che si faccia sera. Giorgio, appoggiato allo stipite della porta della cucina, mi guarda, sradicato dalla routine, confuso, come uno che ricompone le idee dopo aver sbagliato strada.

«Che si fa?» domando più a me stessa, rispondendo alla mischia che gli si accumula in testa. Poi la frustrazione vince e mi dà le spalle correndo in camera sua sbattendo i piedi, io sento in me una matassa di energia inespressa da sciogliere, lo rincorro, lo acchiappo e lo lancio sul letto, poi rotoliamo sul tappeto in una lotta di solletico senza esclusione di colpi, da parte sua, che si fa prendere la mano, ma non lo sento, ho bisogno di essere scema, e i bambini hanno questo di buono tra le tante, ti permettono di regredire, di instupidire, di rotolarti a terra, cosa che nel mondo degli adulti solo i morti o gli ubriaconi fanno.

Dopo una decina di minuti stramazziamo entrambi, sudati e ansimanti. Spoglio nudo prima lui, poi me stessa, e sul tappeto che punge e irrita la mia schiena sudata stiamo pelle a pelle. Piace a me quanto a lui, tanto che mi si addormenta addosso, sequestrandomi un braccio e un seno come giaciglio. Non mi muovo, mentre sulla schiena il sudore si è ghiacciato, ed è come se avessero acceso dell'aria condizionata in un'altra stanza e il freddo entrasse strisciando sul pavimento da noi qui in camera. Allungo il braccio e trascino giù dal suo letto la coperta avvolgendoci, rimboccandola sotto il suo sedere e sotto la mia schiena. Fuori, in strada, il vento trascina rumorosamente sull'asfalto qualcosa, forse il bidone del vetro vuoto.

Da terra vedo solo l'azzurro del cielo attraverso la finestra sopra il termosifone, e qualche foglia o detrito che lo riga al di là dal vetro. Un aereo taglia in diagonale il rettangolo di cielo che osservo, mi immagino là dentro; ma quanto è che non faccio un viaggio, penso nostalgicamente. Anni, mi rispondo. E non c'entra nulla Giorgio, è da ben prima che non viaggiamo, l'ultima volta è stata a Edimburgo, perché entrambi sognavamo di prenderci una casetta in quel gotico da fiaba, ma poi ci è mancato il coraggio ancor prima dei soldi. Chi può dire come sarebbe andata? E ci vedo tutti e tre, Giorgio non ha problemi, ha relazioni e cresce sano, a Vit e me importa ancora l'uno dell'altro. Poi mi ci vedo da sola, ed è bello comunque, non mi mancano affatto nella ricostruzione.

«Non mi manchereste affatto...» sussurro nel presente, guardando il bianco in ombra del soffitto, e nel farlo mi assopisco, con la sua piccola pancia che inspirando mi sfiora il fianco e si ritrae buttando fuori l'aria dalle labbra semiaperte. Una folata di vento percuote la tapparella che sbatte contro il vetro e mi sveglia bruscamente. Il collo mi fa male e, alzandomi, sfilo da sotto Giorgio un'appendice morta al posto del braccio che sventolo nell'aria massaggiandolo e rianimandolo, passando attraverso a quel male che pare la rinascita delle ossa nella carne, in quei momenti. Adagio un cuscino sotto la sua testa e lo infagotto nella coperta, lui non fa una piega e continua a dormire mentre mi rivesto e inclino il collo per vedere l'ora nel quadrante in cucina sopra il forno. Sono volate due ore. Mi spolvero la schiena da briciole e polvere con le mani, sento gli sbalzi sulla pelle, la trama che ha lasciato lo stampo momentaneo del tappeto sulla mia schiena, come tanti piccoli segni incavi dell'acne.

Il cellulare rimasto in cucina per due ore mi notifica la chiamata di mia madre e il seguente messaggio dopo la non risposta: «Domani. Puntuale». E un paio di messaggi di Livia che terminano in interrogativi: «Tutto bene?», «Mi fai sapere?». "Implacabile, una goccia cinese..." penso, ma mi accorgo con astio levigato in confronto a prima, appoggiando il cellulare nuovamente sul tavolo, ma non abbastanza per risponderle e pacificarla come necessita e chiede. "Adesso sai che si può fare. Ed è già molto." Veronica mi gironzola ancora in testa come una ronda sugli altri pensieri.

Seduta sulla tazza in bagno, i piedi appoggiati al bidet, le porte aperte, di fronte la stanza di Giorgio, posso vederlo dormire ancora sul tappeto, e controllarlo, mentre stendo sulle unghie l'unico colore che ho, un ottanio scuro che non perdona sui bordi. Il piccolo ventaglio di setole che si chiude sempre più sino al quinto dito, che è una parodia di unghia, uno sforzo ridicolo e svogliato di fare gruppo con le altre; per dargli colore non si stende dalla carne all'aria, ma si puntina come gli angoli dei soffitti sino a rendere pieno il colore. Il rasoio, a secco, risale dalla caviglia, passando sullo spigolo dello stinco e si ferma sotto la rotula. Quando in punta torna a valle, compie tutta la circonferenza tubolare della gamba, esfoliando e rancando via se incontra i dossi di un pelo, lasciando puntini rossi immobili, privi di gravità. Una volta finito, picchio la pancia di ceramica del bidet sotto il getto d'acqua, con il rasoio impugnato a martello, per favorire la caduta di ciò che è trattenuto.

Cammino sui talloni uscendo dal bagno e mi siedo al tavolo della cucina, il cellulare in mano, le rispondo secca e sbrigativa come il rasoio: «Tutto ok, siamo a casa». Dopo dieci secondi squilla, è lei. La immagino in agguato tutto questo tempo, attendere la risposta e il mio risponderle frainteso come un darle corda. Corda che taglio immediatamente premendo il rosso, attaccando la chiamata e impostando il silenzioso. Richiama, cadenzando i tentativi circa ogni due minuti, poi il lasso tra una e l'altra si allunga sempre più fino a smettere. Diciotto chiamate perse, c'è scritto, quando riconsidero lo schermo.

«Tu sei pazza, lo sai, sì?» le dico, quando la sento in linea al secondo squillo. Deglutisce, la sento apparecchiare una calma artificiale.

«Possiamo parlare?» Ho una voglia smisurata di riattaccare, poche cose detesto come chi domanda di fare ciò che già sta facendo.

«Parla, Livia, parla...»

«Devi accettare l'aiuto.»

«Tu invece devi smettere con le dietrologie, Giorgio sta bene, stiamo bene. Siamo tornati a casa, abbiamo giocato e dormito assieme. Sta-bene-con-me» scandisco.

«Quello non è stare bene, e tu ci giri in tondo perché sei spaventata, lo so io, lo sa Veronica, lasciati aiutare, fidati di noi.»

«Io non so di che parli... e tra non molto Vit tornerà a casa, quindi ora ti saluto. Buona serata.» Mi sento tremendamente fascista mentre sto per chiuderle la comunicazione in faccia, ma non ho le forze per ballare come lei chiede.

«Non riattaccare!» sento la sua voce dirmi, mentre l'occhio vede dove e il dito preme sul rosso.

«Non farmi scegliere per te.» Il suo messaggio suona come una minaccia ultima.

«Mi minacci pure adesso?» le rispondo con dita velocissime.

«Prendila dal verso che vuoi, io devo pensare a Giorgio.»

Leggo e rileggo, faccio sedimentare il sottotesto che utilizza ben altre parole: tu sei un pericolo per tuo figlio. Questo c'è scritto. Mi ferisce e mette in discussione anni di rapporto con lei, che da sempre ho creduto dalla mia parte, nonostante tutto.

«Io non ti voglio mai più vedere né sentire, scompari dalle nostre vite.» Lo legge e non risponde. Mi domando, rimanendo nella conversazione, se mi stia rispettando, o stia telefonando a qualcuno. Nella mia testa si compone dapprima l'immagine di un dito al citofono in strada, e subito dopo un pugno bussa alla nostra porta. Vit mi chiede chi sia, io non so cosa rispondere, mi pietrifico, mentre il pugno non smette di picchiare sulla porta. Allora lui va ad aprire, e un uomo e una donna, accompagnati da quattro poliziotti, coattivamente portano via Giorgio. Solo dopo, scorgo, affacciandomi sul pianerottolo, all'altezza del giro scale, Livia e Veronica, le mandanti.

«Mi dispiace per tutto.» La sua risposta interrompe l'incubo a occhi aperti, ma la sensazione di illecito non mi abbandona, mi sento braccata e non so per cosa, colpevole di quale delitto? Perché non mi lascia in pace? Sento il bisogno fortissimo di sdraiarmi ancora accanto a Giorgio sul tappeto, stringerlo a me. Entro in camera come in un portone sotto un temporale, per ripararmi, mi corico e lo giro verso di me, gli srotolo un braccio e lo allungo in un abbraccio che mi cinge il petto, non mi percepisce, dorme profondamente. Il bagno, visto dal pavimento, sembra all'estero, lontanissimo; sotto al letto un gomitolo di polvere si nasconde dietro una gamba come un roditore timido. In un angolo, accanto alle palline da tennis, i peluche seduti guardano tutto e nulla, con le zampe posteriori in primo piano e gli occhi a bottone; all'orso bruno, il filo di un occhio è diventato lasco, dandogli uno sguardo sbronzo, ancora più assente. Tutti sorridono, non ci avevo mai fatto caso, dalla puzzola al bracco con le orecchie lunghe e lisce, che ha il vizio di cadere in avanti se non lo si inclina contro il muro, colpa del muso lungo, sembra in punizione, l'unico che per tutto il giorno guarda il soffitto e gli sorride ebete. Non ci si aspetta nulla, solo che se ne stiano lì a prendere polvere, ma carini. Mi ci vedo, seduta lì tra loro, a guardare tutto e nulla; deve essere bello essere spostati solo per il passaggio dell'aspirapolvere, per qualche abbraccio e qualche pugno, non occuparsi di nulla e vegliare il soffitto facendosi tutto addosso lì sul posto.

«Tua madre è una sciroccata...» gli sussurro in un orecchio, e un'epifania atroce mi si svela e staglia in testa, vedendomi lì distesa accanto a lui, come in terza persona, dal punto di osservazione di quel ragno che continua a tessere la tela nello stesso angolo della stanza. Ora la vedo, tutta la funzionalità, lo abbraccio per opportunità, per conforto sociale, come i lupi nel riposo, dorso a dorso contro i pericoli esterni. Lo stringo, e se ancora posso, vuol dire che siamo distanti da ciò che non va, ma è coreografico, una forzatura che impongo a me e a lui, perché ciò accade solo nello sconforto. Chi è la madre di chi, e chi il figlio di chi. Mi sento piccola, mi rannicchio, sono la sorella minore di mio figlio. Io mi nascondo dietro di lui, lo mando avanti in tutto, ora me ne rendo conto, mentre una carrellata di istantanee scorre pesante come un vagone traballante che trasporta ingranaggi e componenti della mia persona, dell'irrisolta che sono, della mai cresciuta, e della scusa che mi dà mio figlio per continuare a non farlo. Ma perché non mi adatto? Perché non mi riesce neppure la farsa? Tutta questa sincerità con me stessa io non la voglio, fanculo! Io voglio essere come le generazioni passate, in cui bastava un'età maggiore e l'appellativo di madre o padre per avere ragione su tutto e a prescindere, sul popolo minore.

Tutta questa autoanalisi è un fardello imposto, e un coltello che ti ha mancato, e sei proprio tu che lo vai a staccare da quel tronco e te lo infili da solo in una spalla. Mia madre e una moltitudine di sue colleghe nella storia hanno guadato le nostre infanzie e adolescenze semplicemente raccontandosi storie di comodo, convinte di dare il massimo, e alla società andava bene così. Poi l'eroina tagliata con la psichiatria, e il dubbio incontrastabile: suo figlio si inietta perché lei non lo considera. Beve? Mancanza di amore. Non studia? È abbandonato a se stesso da voi. È violento? Non sa come canalizzare la paura, e in questa via crucis che culmina a braccia aperte sul legno verticale, diciamo tutte in coro percuotendo con il pugno destro il cuore: mi pento e mi dolgo, mea culpa in anticipo nei secoli dei secoli.

Scatto in piedi, con una voglia irrefrenabile di scrivere a Veronica una singola parola: iniziamo. Ma nei pochi metri tra la camera e la cucina perdo i pezzi di quella foga, l'armatura si decompone e al suo posto il solito carapace in cui ritraggo la testa. Lascio il cellulare sul tavolo, che scuro e lungo una ventina di centimetri sembra una porticina troppo piccola per essere attraversata, e mi vergogno, mi vergogno, mi vergogno per i miei pensieri. Come una pistola, impugno lo spruzzino lavavetri, e anche se il sole batte sulle finestre rendendo una battaglia improba il renderli invisibili, mi ingaggio nella sfida che mi scaraventa lontano, lasciando quella me alle spalle. Alla fine, e con i polsi stanchi, che scricchiolano quando li ruoto, il vetro pigola sgrassato e ammiro la vittoria, l'unica della giornata, forse della settimana, e la lascio crescere in me assieme al patetico che si porta appresso.

Io non so fare nulla, mi ripeto, con la testa appoggiata allo specchio sopra il lavabo in bagno, fronte a fronte con il mio riflesso, gli occhi da due si sovrappongono in uno singolo e sfocato e la macchia di condensa del mio respiro ha la forma di una pera, quando mi stacco dallo specchio, la guardo rimpicciolire, diventare una pallina, poi una sorta di pinna di squalo e infine svanire, informe, come un fondo di caffè assorbito nei pori dello specchio come pelle assetata. Sgancio lo specchio e lo adagio a terra, il mio fiato è lì, come una fioritura, sta scomparendo nel muro, di nuovo pera, pallina, pinna e fondo.

Esco dal bagno e dalla porta di ingresso e lo vedo immediatamente salire su per i pianerottoli, lo rincorro, e mentre salgo i gradini mi rendo conto che non ho più aria nei polmoni, quello era il mio ultimo fiato, cerco di braccarlo per ingoiarlo, con le mani, ma quello mi sfugge come una cavalletta, troppo in alto, e io mi danno saltando come un gatto si danna con il medaglione di luce della torcia sul muro. Mi accascio sui gradini, e più mi lascio andare più il mio fiato si avvicina, calando dalla parete verso la mia bocca spalancata, ma se dimostro desiderio di sopravvivenza, scalmanandomi, allora si allontana. È come accettare di morire, rimango immobile anche sul punto di impazzire, e al fiato piace, piace talmente tanto, che da lento, e senza preavviso, accelera come sganciato da una fionda, corre sul muro conficcandosi in gola, forzando la trachea socchiusa per scendere e raggiunge i bronchi.

17

La presa d'aria mi fa sedere sul tappeto, Giorgio non c'è più. Lentamente torno lucida, tanto lucida da riconoscere il rumore dei piatti appoggiati sul tavolo quando si apparecchia. Mi alzo, ancora nuda, e mi dirigo in cucina.

"Che fai, amore?" sto per dire. "Apparecchi tutto tu?" Ma è Vit che lo sta facendo, ed è sempre lui che mi guarda con aria stomacata. Giorgio seduto a tavola è già rivestito.

«Ciao...» dico, affrettandomi in camera a raccogliere i vestiti da terra per coprirmi. Me lo vedo entrare, mentre dormo, lavarsi le mani e accorgersi di noi nudi a terra; cosa avrà pensato, mi chiedo.

«Abbiamo sudato giocando e poi ci siamo addormentati» commento di corsa passandogli accanto, afferrando il cellulare sul tavolo e andando ai fornelli per approntare la cena.

«No no... normalissimo, tranquilla» commenta, e

sembra aver rubato tutta l'ironia presente al mondo. Sbatto la padella sul fornello, istericamente, come a voler ammazzare una blatta, e la lascio cadere a terra uscendo dalla cucina.

«Spara, Vit, spara… che vuoi?» sbotto, pronta a tutto. Vit inspira dal naso, allargando le caverne delle narici, e prorompe.

«Che cazzo stavi facendo nuda con nostro figlio?» Mi guarda schifato, con la smorfia in faccia di chi butta l'organico ad agosto.

«Sei serio?» rispondo, senza muovere neppure un muscolo della faccia.

«Fottutamente serio.»

«Allora dimmelo tu cosa stavo facendo» rendendomi conto della nessuna credibilità che trova in lui ogni mia possibile risposta.

«Nuda, non in mutande. Nuda, avvinghiata.» Fa un passo verso di me per parlare più piano.

«Con la figa appoggiata alla sua gamba» indicando me tra le gambe e poi Giorgio, che ci dà la schiena, indaffarato con i pennarelli.

«Siamo arrivati a questo, Vit?» Strabuzzo gli occhi con orrore, per il pensiero che è riuscito a partorire vedendoci. Mi fa vergognare e mi umilia.

«Sì, a questo, a quanto pare. Ma tu dimmi, adesso, cosa dovrei fare, far finta di nulla?»

«Ma far finta di nulla su cosa, Vittorio?!» dico, allontanandomi fisicamente da questa merda, uscendo dalla stanza.

«È già tanto incasinato, non credi?» seguendomi fuori, poi in camera nostra.

«Come cazzo fai anche solo a pensare a una cosa simile?» dico girandomi di scatto e sferrandogli un pugno sul petto, senza potenziale e forza, solo simbolico.

«Ah! Pensare a cosa? Io non penso a niente, io constato, ma tu pensi, pensi perché hai la coscienza lurida!»

«Vigliacco... sei alto un centimetro di coraggio, e cinquecento di moralismo... Allora lo dico io per te: no, non ho fatto nulla di sessuale con nostro figlio» faccio, calcando le S più che posso, guardandolo dritto negli occhi, e non la sento arrivare, la sento quando mi è già addosso e la guancia già brucia, lui e la sua mano non sono riusciti a trattenersi, mi fanno accasciare appoggiandomi al comodino accanto al letto, facendo cascare i libri e la sveglia. Parandomi dove mi ha colpito, con l'altra mano gli dico basta, gli dico fermati, non continuare, perché è questo che mi fa paura. Non era mai successo in tutti questi anni, e in questo momento mi domando solo se uno schiaffo può bastargli o è una furia più numerosa.

Lo guardo, da terra, attraverso gli spiragli delle dita che mi coprono la faccia. Non è furia, è fermo, ormai crepato dentro da quello che ha fatto. Si china su di me tirandomi su, non riesce a guardarmi in faccia, quando mi sento più sicura tolgo le mani, e il suo volto è molto più eloquente di un qualsiasi specchio. Distoglie lo sguardo dalla scena che non può contenere. Mi dirigo in bagno, la testa mi gira ancora, mi ha bussato per bene, penso, e prima di entrare mi giro e lo vedo, seduto sui talloni, le mani che stropicciano la carne della faccia. Nessun segno fortunatamente, solo il labbro, ha battuto contro i denti ed è gonfio, lucido come un lombrico.

«Non so cosa dire...» fa Vit, comparendo sulla porta, con aria afflitta. Sputo del rosso nel lavandino, che si diluisce e mulinando scompare inghiottito.

«Era tenerezza, Vit. Solo un momento di tenerezza, non era nulla di perverso.»

«Ma lo so...»

«Pare di no» rispondo, fissando un piccolo salame di carta igienica tra denti e labbro.

«Vuoi che me ne vada? Non posso vederti così» mi domanda avvicinandosi. Lo respingo con uno sguardo che è un invito a starmi distante qualche metro.

«Ok, ok, ho capito forte e chiaro. Tranquilla.»

«Ah, e stasera io non cucino per te, scordatelo.»

«Tanto non mi entrerebbe neppure uno spillo. Vado a letto allora.» Attende una qualsiasi frase che gli faccia capire che è tutto a posto, ma non mi riesce, e di certo non mi sforzo. «Mi vergogno... perdonami.» Esce dal bagno e si chiude in camera, senza sbattere la porta come suo solito, non ha nessun punto da tenere, questa volta no. La chiude lieve, accompagnando la maniglia, tanto lievemente che mi si torce in viso un ghigno soddisfatto. Anni su anni a essere io quella attenta a non produrre suoni, ad attutire tutti i rumori di casa per non stonare ulteriormente.

Giorgio sta ancora disegnando seduto al tavolo, calcando il foglio come avesse un piccone in mano. Rispondo ai messaggi di Livia: «Tutto ok», e spengo il cellulare. Ceniamo soli e non ci stranisce come credevo, anzi, una morbida quiete allaga la stanza. Giorgio impugna persino come si deve la forchetta, tanto bene che mi vien voglia di mangiarlo per come è bravo.

Lo schiaffo di Vit mi entra in testa a morsi improvvisi, il rumore, il caldo e il dopo. Mi sento già una di quelle donne che amano troppo, ma cosa dovrei fare dopo che in tutto questo tempo fino a oggi non mi ha mai sfiorato, mai e mi dico mai. Sempre attento alla sua fisicità, e poi non sono così boriosa da credermi l'unica a vivere sotto pressione. Ciononostante non lo riconosco, ho sempre ammirato quella pozza di acido dentro di lui, in cui ingoiando fa capitolare ogni rabbia, e nulla si salva, nulla è mai risalito da lì, se lui dice stop alla testa è stop. E l'ho sempre invidiato per questo. Cosa è cambiato in quell'istante non so dirlo.

Tento e ritento di ricostruire: io sono lui che rientra in casa e mi vede nuda con nostro figlio. Niente, non provo imbarazzo o orrore, non lo provo perché è impensabile per me un pensiero così, lo si deve avere da qualche parte per averlo. Poi improvvisamente un ricordo di me da bambina. Figurati io non mi portava ai bagni normali, ma nelle spiagge nudiste;

le risate che faceva con papà su certe indecenze fisiche di alcuni frequentatori, il resto era naturale, fisiologico; sedevo accanto a loro e mentre erano intenti a giocare a carte con amici, io osservavo le loro nudità con la stessa scioltezza con cui si guarda una macchina o una bicicletta. Accavallare le gambe pinzandolo tra le cosce, la testa rugosa come un piccolo animale implume e raggrinzito, o tappando il buco, lasciando intravedere il pelo. «Con tutto quel pelo non ti puoi dire nudista»: quel signore, uno di quegli amici, si riferì a mamma con questa frase. Lei, lo ricordo come fosse ieri, con la sua placidità luciferina, rispose chiosando: «Che ti devo dire, il topless mi si addice».

I genitori di Vit invece sono bacchettoni, non stento a chiamarli baciapanche. Ogni domenica a messa e pulizia delle tombe ogni mese, i morti hanno più attenzioni dei vivi. Sì, deve provenire da lì tutta questa troiata di pensiero. Mi piace pensare di averlo stappato, in qualche misura, con la nostra conoscenza. Prima di me, per lui il sesso era quello della Disney, pieno di attenzioni esasperanti, di delicatezze inutili. Non mi rompo mica, gli ho dovuto dire a un certo punto, e da lì in poi si è stappato, prendendo terreno in materia, togliendosi dalla testa il rispetto fisico, il «gentilismo» e la donna angelicata, che dio la fulmini ogni giovedì dell'anno.

È notte fonda quando mi rannicchio dal mio lato nel letto, standо ben attenta a non sfiorarlo, non posso sostenere una conversazione nel buio, non stanotte. Vit allunga una gamba nel sonno, non la posso evitare, diagonale, copre tutta la lunghezza e si ferma con il collo del piede sotto le mie piante dei piedi unite in posizione fetale, muove impercettibilmente le dita, infastidendomi la pelle. Scalcio decisa, o la va o la spacca, esprime qualche lamento e si gira dandomi le spalle, continuando a dormire. Il labbro è sgonfiato, lo massaggio con la lingua. «Sei una merda!» urlo nella stanza, e subito mi copro con la coperta fino agli occhi, mentre lo sento levarsi di soprassalto.

«Sei sveglia?» mi chiede, sussurrando. Non rispondo, tengo gli occhi chiusi. «Che spavento...» dice, poi un suo braccio solleva il mio cuscino passando da sotto, e l'altro mi imbriglia da sopra, poco dopo riprende sonno, la testa pesante come la ghisa appoggiata sulla mia schiena, mentre io, a occhi strizzati, mi lascio cullare dal ticchettio della sveglia sul comodino, a pochi centimetri dal mio orecchio.

18

«Ma cosa diavolo...» dico quando vedo Figurati io attenderci sotto casa dentro un taxi. «Mamma...» Ci fa cenno di entrare rapidi.

«È meglio, credimi, dà la giusta impressione. Su, su, di' al signore dove dobbiamo andare.» Dico l'indirizzo di casa di Filo e quello si mette in marcia.

«La giusta impressione di che?» guardandola da capo a piedi. Si è fatta bionda. «Sembri Titti, di Titti e Silvestro.»

«Dà l'aria di quelli che hanno un problema, ma che non ne hanno altri, se mi intendi... Troppo giallo?»

«Sì, troppo giallo. Mamma, regolati, ti prego. Ma poi dove credi di essere, negli anni Quaranta? I taxi adesso sono addirittura convenzionati con gli ospedali.»

«Vero!» conferma l'uomo che guida. Lei lo fulmina con lo sguardo, ma tace.

«No, no, sei in errore, certe cose sono un evergreen» fa dandomi una pacca sulla coscia «vedrai che distinte» conclude, girandosi verso il finestrino.

«Torno a dirtelo: regolati.» E per tutta risposta ottengo la famosissima scenetta. Muta, cerca nella borsetta di coccodrillo nero, tra le mani vuote finge di reggere una piccola scatola da cucito, sceglie il filo, segue il teatrino di lei che non riesce a centrare la cruna, poi inizia a cucirsi la bocca, con punti abbondanti. Fortunatamente arriviamo davanti a casa di Filo, quando con indice e medio laccati di rosso mima il taglio della rimanenza a lato del labbro. «Andiamo...» Prendo per mano Giorgio uscendo dalla macchina. «E tu» le dico chiudendo lo sportello «spero abbia un'anima di acciaio quel coso, ti ci vuole una lenza da squali...»

Suono. Mi prende un mezzo infarto quando Filo non risponde. Non molto dopo, ancora gonfio di sonno, lo vedo comparire alla finestra e farci cenno di entrare. Ci accoglie in mutande.

«Niente baci, per carità» mi dice, soffiando le parole di lato guardandomi negli occhi.

«Ok... Devo proprio scappare. Grazie ancora, ti sono debitrice.»

«Stai tranquilla... a più tardi» mi sorride, chiudendo la porta. Mi soffermo un attimo per ascoltare, lo sento parlare con entusiasmo infantile. «Adesso ci facciamo la barba, vieni con me» dice a Giorgio. Mi fido, scendo le scale e rientro nel taxi che riparte. Il tassametro segna già una cifra oscena.

«Ci scopi?» mi chiede, secca come la sabbia, mentre attraversiamo il ponte e costeggiamo le ville liberty della precollina lungo il fiume. Non rispondo. «Ed è carino?»

«È divertente.»

«È divertente là sotto?»

«Mamma, io ti ammazzo.»

«Che sarà mai... la madre di cristo è una sola.»

«È un ragazzo, non un uomo.»

«Ora mi è chiaro l'incanto. Quanto darei alla mia età, per un né carne né pesce, si danno così da fare, poi diventano uomini e diventano così uomini... Bleah!» Ora so da chi ho preso molto di più di quello che mi piace ammettere. La squadro nuovamente, da capo a piedi, come a guardare la me del futuro che mi parla in un taxi.

«Nulla di serio.»

«Sfido. È un lavoro vero.»

«Cosa?»

«Costa fatica raccoglierli e farli crescere plasmandoli, illudersi di creare l'uomo perfetto e non riuscirci mai. È impossibile, sta' pur certa. Quindi goditelo, finché dura.» Mi sorride, riproducendo nel sorriso idiota tutto il piacere che dà l'essere desiderate.

Il taxi si inerpica tra i grandi cespugli degli alberi ai lati della strada in ombra, risalendo la collina, frenando nei gomiti dei tornanti e accelerando nei rettilinei. Ho la nausea, faccio cenno a mia madre, che tutto sa e mi indica gli orecchini, che a ben vedere noto solo ora essere due calamite senza buco. «Funzionano una meraviglia, ora posso persino leggere in macchina, te lo figuri?» dice spiegandomi le potenzialità di questo nuovo ritrovato che va a premere un meridiano cinese sul lobo dell'orecchio. Una cosa molto antica, mi pare di capire, nel fiume di paroloni che mi snocciola addosso. Chissà da quanto aspettava l'occasione di poterne parlare. Secoli, penso. E ha tantissimo da dire a riguardo, talmente tanto che ubriacandomi di parole mi fa passare la nausea e ci fa arrivare a destinazione in un battibaleno.

19

Villa Santa Margherita è davvero uno schianto come me l'aveva descritta. Sembra una nave da crociera trascinata nel verde, con una prua enorme che punta il naso su un parco di ippocastani e betulle. Il taxi entra con rispetto reverenziale sul grande piazzale di pietrisco davanti all'ingresso. Sotto il porticato gotico che ripara il portone in ciliegio, cinque donne e due uomini stanno chiacchierando, dalle loro facce, attente e rapite l'una dall'altra, con cortesia sperticata, si intende una conoscenza fresca, appena fatta.

«Sempre così, più donne che uomini» commenta, mentre paga il tassista.

«Che vuoi dire?» chiedo, domandandomi, intanto, per cosa siano qui queste persone, per quale problema, ricercando una risposta nelle loro facce, che però sembrano così normali, poi mi ricordo di essere ufficialmente una di loro e quella stessa lente la rivolgo verso me stessa, dandomi un tono da vacanza, sereno e disteso il più possibile.

«Che le donne sono sempre più curiose degli uomini.» Scendiamo dall'auto, e una donna minuta, la segretaria dell'incontro, con gli occhi liquidi ci accoglie con entusiasmo da ufficio stampa, si scusa per i suoi occhi, le betulle e l'allergia fanno a pugni, ci spiega, e ci introduce al gruppo che staziona davanti all'ingresso. Le braccia e le mani si allungano verso di noi in strette di mano e sorrisi cordiali.

«Vedrai come ti farà bene» mi dice Valentina, una delle donne appena conosciute, abbracciandomi, con una confidenza sconcertante che mi irrigidisce e non mi fa proferire parola. Ora capisco tutti i sorrisi di cera, sono lì al posto delle risposte non date. Mi sento un po' aggredita e aggressore, perché, anche se non mi lancio come Valentina in frasi ispirate, mi rendo conto di osservare tutti con curiosità spasmodica, cercando di individuare chi ha la storia più brutta tra noi. Massimiliano, un uomo allampanato, con gli occhi che balzano fuori dalle orbite come se stesse guardando costantemente una scena raccapricciante, pare un matto appena liberato dalla Basaglia, con l'indice si scava il lato del pollice, e ci osserva, distogliendo lo sguardo quando ne incontra un altro. Mi fa simpatia. Maria, una donna prosperosa e curatissima, le unghie laccate di amarena, le dita con ogni ben di dio, tra oro e pietre, è la classica donna che ha fatto tabula rasa attorno, lo intuisco, nessuno ha più voglia di ascoltarla, colleghi, familiari, figli, con una logorrea letale, pinza e non molla più i malcapitati educati, troppo educati per chiederle di stare zitta. Mi allontano da lei, passando alle spalle del gruppo, e mi metto accanto a Figurati io, che è già in gran spolvero, grandissimo spolvero. Caricaturale, parla e intrattiene come fosse in terrazza al golf club. Manca molto ai giorni nostri, nel suo racconto, l'ha presa larghissima. Vorrei salvarli tutti, ma le loro facce sono invero rapite da lei, che lo sente eccome, e ci sguazza. Tutti tranne una, che con la scusa di spegnere la sigaretta nel posacenere se ne sta in disparte. Giovanna, trasandata, di quel genere che veste, o almeno crede, l'intelletto delle sete più preziose, e il corpo come capita, con indumenti presi al mercato e una ricrescita che arriva alle orecchie. Un pesce in barile. Infastidita da mia madre, la vedo bene, l'ha presa per una tutta superficie, chiacchiere e Cap d'Antibes. Posso capirla, la signora ha un certo talento nello smuovere gli animi di classe. A ogni modo, si accorge del mio notarla e mi sorride, io contraccambio, e rituffo l'attenzione nel mezzo del gruppo, su Mario, un uomo dall'aspetto rude, in cima alla catena alimentare, uno che se sperduta in montagna vorrei avere accanto. Tutto perfetto, ma all'americana, non all'inglese, una perfezione isterica e testosteronica. La schiena dritta, le braccia conserte e le gambe leggermente divaricate, all'altezza delle spalle. Ride dell'ultima boutade di Figurati io, lo vedo a suo agio nel sociale, lo immagino uno che lavora in team ma al comando, ha il piglio secco di un uomo a cui la madre ha detto troppe volte bravo e bello, il più bravo e il più bello di tutti, e lui ci ha creduto, costruendosi un'armatura di ego e machismo. Mi gioco tutti i denti che è qui perché alla sua età non ha ancora trovato una compagna e non sa il perché. Un prete in borghese, uscendo dall'ingresso, ci saluta gentilmente, augurandoci una buona giornata. Alcuni di noi rispondono: «A lei, padre». Mia madre, visibilmente infastidita: «Dove eravamo rimasti?», e riprende, sapendo benissimo dove e quando era stata interrotta. Ludovica, forse la più giovane insieme a me, mi batte con il gomito il fianco. «Che forza della natura tua mamma.» Ha il viso segnato di una persona che si è fatta qualche anno in contromano. Non la si direbbe immediatamente bella, ma parlandoci, con lo scorrere dei minuti, dandole modo di dispiegarsi, si intuisce, nei suoi occhi verde muschio, tutto uno strano dolore, un'inerzia che non so spiegare, ma che capisco possa attirare molti uomini. È un'arrendevolezza sessuale, un «va bene» a tutte le porcate che ti passano in testa. Mentre mi parla di che cosa si occupa nella vita, fa la veterinaria, me la immagino con Mario, ma increspo poco dopo la scena, perché non sono affatto sicura della virilità di lui, tutta facciata, e a letto tacchi sulla schiena e umiliazioni corporali, come spesso accade agli uomini di potere innamorati delle loro madri.

«E tu perché sei qui?» Doveva succedere prima o poi. Cerco di raccogliere una risposta precotta, ma poi mi dico che non avrebbe senso.

«Mio figlio è autistico, e vorrei, non so ancora come, capire come aiutarlo di più. Secondo te sono nel posto giusto?» Ludovica mi massaggia una spalla con paternalismo.

«Sei nel posto giusto. Per me è la settima volta, ed è sempre un'esperienza che non si può raccontare, ma da vivere.» Non mi rassicura. Non ho idea dei motivi per i quali sia qui per la settima volta, ma a guardarla si direbbe non aver mai cavato un ragno dal buco. Un discreto disastro, come andare dal dietologo e scoprire un obeso dall'altra parte della scrivania.

«Lo vedo. Sei raggiante...» le rispondo, e mi stupisco di me stessa, per l'assenza totale di sarcasmo.

«Grazieeeee!» mi risponde e scoppia a piangermi addosso. Io mi guardo intorno, cercando un volto amico. Isabella, con l'aria di una capo scout, in materia di costellazioni, ci viene incontro abbracciandoci.

«La guarigione è ovunque in questi giorni.» Sono a disagio, una sconosciuta mi bagna di lacrime la camicia, e un'altra mi parla di guarigione. Ma fortunatamente non dura a lungo, e in cambio, mentre ci riuniamo al gruppo, noto che tutti mi guardano con meraviglia, come se avessi fatto qualcosa di prodigioso, di grande sensibilità, ma io ho solo detto quello che lei voleva sentirsi dire.

«Lo vedono tutti, manchi solo tu» dice Isabella a Ludovica, appartate in un angolo, appena fuori dal porticato, una intenta a calmare l'altra che sembra avere il cuore spogliato e a contatto diretto con il sole.

«È molto fragile» commenta Valentina, come se guardasse qualcuno spacciato e dal destino incurvabile.

«È tanto migliorata, dai, te la ricordi la primissima volta? Sembrava una già appesa al lampadario» le risponde Maria, e da questo, capisco che neanche loro sono neofite, ma assidue frequentatrici.

«Eccome se me lo ricordo... ma ancora non ci siamo, povera ragazza, e Philippe? L'hai visto quanto è bravo con lei. Pazzesco.»

«Oh già» dice Maria. «Philippe è un dono.»

«Philippe è il signore che ci segue in questi giorni?» chiedo.

«Mai conosciuto? Vedrai che uomo affascinante. *Bobo parisien*, ma con l'animo di un padre e un bambino al contempo.» Sono adoranti, e mi fa un po' spavento.

Figurati io mi prende da parte.

«Non ti impressionare, le ammiratrici fanno parte dell'arredamento in queste cose... ci sono sempre, e se Philippe è intelligente come quello che ho letto, vedrai che le saprà ammansire. Non ascoltarle, fa parte della guarigione anche per loro.»

«Mamma, ma tu che ne sai?» le sussurro, per non farmi sentire.

«Tua madre ne ha viste di cotte e di crude in vita sua.»

«Sarà...» le dico, alzando gli occhi al cielo.

«Nessun sarà. È, è» dice, calcando gli accenti.

Ci riavviciniamo a loro, e di qualsiasi cosa stessero parlando, la interrompono lì guardandoci, sempre con quei sorrisi da infermiere in corsia.

«Entriamo?» ci chiede con un cenno gentile aprendo la porta la segretaria, congestionata dall'allergia.

La seguiamo su per i gradini in marmo venato dietro l'ingresso e attraverso un'altra porta in legno e vetro fumé, entriamo in una stanza che sembra di duecento metri quadri, comunque enorme ai miei occhi, e sorprende me e pochi altri neofiti. Le sedie sono state disposte in circolo, tutte rivolte verso il centro, le pareti, traforate da finestre su tutto il perimetro della stanza, si affacciano sul parco in ogni direzione, le fronde verdi degli alberi, come un nugolo di curiosi, sospinte appena da un venticello primaverile, sberluccicano al sole; sotto una di quelle finestre, noto dei materassini da campeggio arrotolati, zaini e coperte.

«Andremo nei boschi?» domando a Isabella che mi passa accanto andando a prendere posto.

«No, no, vedrai.»

Mi siedo accanto a Massimiliano, suggerendo così a mia madre di viverci indipendentemente l'esperienza, lei pare capirlo e si siede altrove.

«Sei agitata?» mi chiede lui, con quei suoi occhi ipertiroidei.

«Curiosa, più che tutto.»

La porta a vetri fumé si riapre, l'uomo che entra è sicuramente Philippe, mi dico, non solo per il *bien-*

venues trascinato che pronuncia, ma per la calma che trasmette in una manciata di secondi a tutta la sala. Vibrazioni, finalmente capisco cosa sono queste straparlate vibrazioni. La ragazza che lo segue attraversando la stanza si chiama Anna, è la traduttrice simultanea, una donna dall'aria malata, gli occhi, lo sguardo cascante come cera da una candela. Si siedono, e con la scusa di guardarsi il trucco, la vedo alitare sul piccolo specchio e annusare sentendosi l'alito. Philippe ha una gradevolezza istantanea, gradevole come la colonia pepata rimasta appesa nell'aria con il suo passaggio. Una camicia bianca che tira leggermente sullo stomaco, da buona forchetta, ma nella norma, nulla di esuberante, dei jeans e dei mocassini marroni a carro armato della Timberland, la fede al dito, sul polso che segue la mano un orologio con un quadrante importante, e sull'altro due o tre braccialetti della fortuna, di quelli con mille colori. I capelli, grigi con una stempiatura notevole, li porta indietro, un po' più lunghi sulla nuca si imbizzarriscono battendo sul colletto, gli occhi verdi maculati di nocciola, le guance cascanti come quelle dei bulldog e la prossemica teatrale dei francesi. Io il francese lo mastico, ma non tanto da seguirlo dalla fonte, quindi mi affido ad Anna, che con un ritardo di circa un secondo ripete pedissequamente tutto quello che esce dalla bocca di Philippe.

«Benvenuti» ci sorridono entrambi. Noi ringraziamo quasi in coro da scolaresca.

20

«Prima di iniziare, vorrei ripulire la stanza, per renderla neutra, se per voi va bene.» Si alza, e da uno degli zaini tira fuori un gong grosso come un piatto, tenuto su un dito da una cordicella. Ci fa cenno di alzarci, e lentamente, nel silenzio, ci passa alle spalle, picchiando leggermente il gong, soffermandosi a ogni schiena che incontra. Il suono che produce, quando giunge alle mie spalle, è un tremolio dell'aria che mi entra dalla schiena ed esce dalle viscere. Dopo aver riposto il gong si risiede.

«Bene...» dice. Trasmette una pacatezza al di fuori del dizionario comune, la sento propagarsi in tutti gli astanti, e continua, mentre lo ascolto doppiato da Anna in tempo reale. «Ancora benvenuti, e grazie per essere qui. Grazie per il vostro coraggio, che ammiro, e spero di ripagare. Ci metterò tutto me stesso.»

«Grazie a te» rispondono adoranti Isabella e Valentina. Lui sorride, e mentre parla, a turno, ci osserva tutti.

«Qui, sul pianeta Terra, e ben oltre, nell'universo e nelle galassie, siamo tutti immersi in quello che io chiamo brodo quantico, o coscienza collettiva, dove tempo e distanza non esistono. In questa comunione, ognuno è coinvolto, e ognuno è rimedio per tutti. Siamo tutti collegati, nessuno escluso. Non è fantastico?» ci chiede, senza attendere una risposta. «La solitudine è dunque un'illusione, uno stato d'animo, non una condizione. E grazie a questo *entanglement*, non esiste neppure una separazione con chi non c'è più...»

Con la coda dell'occhio, mi accorgo che mia madre mi osserva ascoltandolo. Le dico sciò con la mano, senza guardarla, e lei torna con gli occhi su Philippe.

«Se siete qui per confermare il vostro ego, avete sbagliato luogo. Vostra madre o vostro padre possono essere entrambi i figli di puttana più atroci della storia, ma a me non interessa, ripeto, non interessa minimamente il compatirvi, dirvi che avete ragione, o che vi hanno rovinato la vita. A me interessa che voi usciate da quella collera, da quel risentimento. Nessuno si sveglia la mattina e, radendosi, si dice consciamente: da oggi sarò il padre peggiore del mondo per mia figlia. Nessuno. Qui, tutti insieme, recuperiamo una tenerezza verso la nostra nemesi, ripercorrendo le sue ferite e le mancanze che hanno portato un genitore a comportarsi così con noi, e dove si può, perdonando e sciogliendo. L'obiettivo è l'accettazione.» Un sorriso bonario si staglia nuovamente sul suo viso. «Insisto tanto su questo, perché voglio che sia un punto fermo e cristallino. Io interrompo e risarcisco, se vedo che il partecipante vuole condurre la trama. È sciocco e controproducente, credetemi. Ok. A turno, chi ha prenotato e se la sente, può sedersi in mezzo a noi due.» Si allargano per far spazio a una sedia in più. «Vi chiedo un'ultima cosa. Pensate a una domanda precisa, puntuale, perché meno informazioni avremo, più efficace sarà la costellazione; per esempio, se avete un dolore o una malattia, siate diretti: io, di questo, o di quello, non ne posso più. Punto. Siate assertivi, le domande ve le farò io.» Anna gli bisbiglia all'orecchio qualcosa di indistinto e lui si dà un piccolo schiaffo sulla fronte e la ringrazia con un cenno del capo. «Giusto. Anna mi ricorda che c'è un'ultima cosa fondamentale. Qui non si lavora sugli assenti, non si fa vudù, l'obiettivo è modificare se stessi, e se lo si fa, essendo tutti collegati nel campo quantico senza spazio e tempo, tutti, anche gli assenti, ne gioveranno. Ho problemi con mio figlio? Lavorerò sulle radici di quei problemi, sul mio risentito, lascerò andare, e facendolo, mio figlio lo sentirà e cambierà, non su un piano razionale, ma più profondo, sistemico. Qualche domanda?» chiede e ci scruta, cercando di capire solo dalle nostre facce quanti interrogativi ha lasciato scoperti. Massimiliano, accanto a me, alza la mano. «Piacere.» Philippe lo accoglie e gli sorride. «Il tuo nome?» gli domanda.

«Massimiliano, molto lieto.»

«Io mi chiamo Philippe, piacere mio. Dimmi pure.»

«Io ho paura del giudizio.» Allarga le braccia indicandoci tutti. «Scusate, ma credo possiate capire... non ci conosciamo.»

Philippe lo toglie dai carboni ardenti immediatamente. «Massimiliano ha ragione.» Torna a parlare a tutti rispondendo a lui. «Ciò che viene confessato qui, resta qui. A tal proposito vi chiedo di spegnere i cellulari e di mettervi al servizio delle vite degli altri, perché non è raro, lo vedrete voi stessi, il riscontrare nelle storie altrui parti, anche solo spezzettate, della vostra storia intima. Se verrete chiamati come rappresentanti in una costellazione, domandatevi il perché proprio voi, e perché quella parte. Qui non c'è posto per il giudizio, non c'è domanda impresentabile.»

«*Merci*» lo ringrazia Massimiliano, massaggiandosi nervosamente i palmi delle mani sudate, che brillano, illuminate dal sole che entra di taglio nella sala.

«*On y va!*» fa Philippe lasciandosi cadere sulla sedia.

Un lungo momento di niente si crea nella sala, attendiamo tutti, chi per rispetto verso noi nuovi, attendendo il nostro farci avanti, chi per timore, e chi per terrore autentico. Io me ne sto buona buona, come sul precipizio di una cascata, che si tuffi qualcuno prima di me, e mi dimostri che il fondale è abbastanza profondo. Figurati io scruta tutti, come nel momento clou di un giallo di Agatha Christie. Massimiliano si fissa i lacci delle scarpe, Valentina, sempre in adorazione, accenna con Philippe uno sguardo di intesa non contraccambiato da lui.

«Io» rompe gli indugi Giovanna, e si va a sedere tra loro due, che la accolgono carezzandole la schiena.

«Dimmi tutto» le chiede Philippe, chiudendo gli occhi, come per concentrarsi meglio, o canalizzare un qualche aiuto energetico.

«Mi chiamo Giovanna.» Le trema la voce.

«Stai tranquilla» la rassicura Anna.

«Sono qui per mio figlio.» Il tono fa intendere di un figlio lontano all'estero, o addirittura morto, comunque qualcuno con cui lei non ha confidenza.

«Super, come si chiama?»

«Giovanni.»

«Ah, ok. Come te.»

«Sì...» annuisce imbarazzata.

«E come mai gli avete dato il tuo nome?»

«Una scelta mia. Io non volevo figli, mio marito tantissimo, e allora, stupidamente, ho pensato che se lo avessi chiamato con il mio nome, questo me lo avrebbe reso più vicino. Ero spaventata, chiamandolo e sentendo me stessa nel suo nome, insomma, dettagli.»

«Ma non è per niente un dettaglio, ci torneremo su. Prego.»

«Vado diretta. Giovanni vive per strada.»

«In questa città?» la interrompe.

«Sì.» Nella sua voce c'è tutta la preoccupazione del mondo.

«Quanti anni ha?»

«Ventisei. Ma non basta.» Mima il gesto di una siringa. Philippe la cinge con un braccio, accarezzandole la spalla. «E io so dove vive, ci passo in macchina mattina, pomeriggio e notte, e sto impazzendo...» Ha grandissima dignità, una forza interiore erculea, non batte ciglio parlando. «Io so di aver fallito come madre, come donna, ma lui...»

«Non ti dà chance.»

«Esatto. Ho provato tante volte ad avvicinarmi, anche con la forza, cercando di buttarlo in macchina per portarlo in comunità, ma lui è più forte di me, ha una rabbia che lo mangia vivo, dalla carne alla pelle, dall'interno. E allora, adesso mi limito a controllare che sia vivo mentre dorme su quei cartoni luridi, gli lascio della spesa, cose da mangiare, acqua, e qualche soldo che maledico, perché so come li userà, ma allo stesso tempo...» Deglutisce e finalmente si lascia andare in singhiozzi rumorosi, con acuti altissimi, sembra un animale ferito in una tagliola. Anna le passa un fazzoletto e versa per lei un bicchiere d'acqua. Attendiamo che le passi la giusta crisi, che il respiro del pianto la lasci di nuovo parlare.

«Te la senti di continuare?» le domanda Philippe. Nei suoi occhi riesco a intravedere un certo sguardo predatorio, tutto il suo aver capito dove si andrà a parare in questa storia. Giovanna fa di sì con il capo soffiandosi il naso, e continua.

«Ma allo stesso tempo, mi vergogno a dirlo, vorrei trovarlo morto un giorno di questi, vorrei avere il coraggio di lasciargli più soldi per farlo esagerare con la dose.» Cerca con lo sguardo la comprensione di ognuno di noi. «Vi faccio schifo e paura, sì?» ci domanda, e tutti ci affrettiamo spontaneamente a risponderle di no, assolutamente no.

Un moto di compassione mi ha invaso, sarà solidarietà femminile, materna, o forse è già la costellazione che inizia prima di iniziare, come ha detto Isabella, all'ingresso. E non sono l'unica, tutti siamo provati, anche Massimiliano si tampona gli occhi.

«Almeno finirebbe questo inferno.»

«Ok. Grazie per il tuo coraggio, Giovanna, ma tuo marito dov'è? Mi interessa capire questo» le domanda Philippe, sempre con quel predatorio negli occhi, di chi ormai è in scia.

«Tu lo sai?» gli chiede lei, retoricamente. «Siamo separati, e dove è, adesso, tutta quella voglia di essere padre?»

Philippe la guarda con una rapida espressione esortativa, e allora lei procede.

«È un uomo piccolo, non c'è altro da dire. Non c'è. Gli fa schifo e si vergogna.» Fa di no nell'aria, come a rimarcare il fatto a se stessa, il fatto di aver sbagliato ogni scelta nella sua vita. «Non ha la scocca, o le palle, scegliete voi.» Ora non piange più, ma è un altro momento fondamentale, e né Anna, né Philippe la stoppano, deve cacciare fuori tutta la solitudine di anni e anni. «Pezzo di merda...» Sorride rabbiosa. «Un bambino che romanticizza, vuole, e se poi non corrisponde al cazzo di sogno sognato, via, si dilegua.» Si morde vistosamente l'interno delle guance. «Io non ero pronta, e desidero ciò che non è normale desiderare, adesso, ma chi è rimasto? Io!»

L'«Io» rimbomba in tutta la sala. La figura delle due lettere, la I e la o, mi sembra una perfetta similitudine. Una stanga magra e sola, e un tondo ai suoi piedi, lei la stanga, e il piccolo cerchio come il figlio Giovanni, a terra, nella sua concentricità autodistruttiva.

«Molto bene. Come possiamo aiutarti? La domanda precisa?»

«Io voglio che torni a casa o muoia. O che vada in comunità.»

«Su questo nessuno può farci nulla, mi dispiace. Si chiama libero arbitrio, ed è una legge inviolabile. Ma possiamo lavorare bene su di te, se sei d'accordo.»

«Ok...» Suona delusa, ma anche conscia dell'infattibilità di ciò che ha chiesto.

«Io metterei in scena Giovanni, te, tuo marito e, se ti va, tua madre e tuo padre, giusto per avere un'idea più allargata. Sono vivi i tuoi genitori?»

«Mia madre sì, mio padre no.»

«Non c'è problema» le risponde Philippe, tirando fuori da uno degli zaini da montagna un materassino azzurro.

«I morti partecipano come i vivi. Si sceglie il rappresentante avvicinandosi, porgendo una mano e chiedendogli se è disposto a mettersi al servizio della tua storia, e lo si fa adagiare a terra sul materassino, in caso di un defunto, o in piedi nella stanza, dove più desideri.»

Si alzano, Philippe e Anna un passo indietro da lei. "Non mi scegliere" urlo dentro di me, mentre lei ci passa in rassegna. Poi si dirige verso Massimiliano, tende le mani verso le sue, si stringono e gli chiede, con voce implorante, se se la sente di rappresentare suo figlio Giovanni. Massimiliano accetta, e lei lo installa a un'estremità della porzione di pavimento circolare in mezzo a noi. Poi Mario, il marito, lontano dal figlio, dall'altra parte esatta. Ludovica, la ragazza tormentata, la sceglie per se stessa, e la mette accanto al figlio.

«Ora mancano il papà e la mamma» le rammenta Anna.

«Come si chiamano i tuoi genitori?» le chiede Philippe.

«Ennio e Bianca» risponde, un po' interdetta da una dimenticanza che Philippe acchiappa al volo come un mazzo di chiavi.

«Oh, già. Manca il terzo rappresentante uomo, ma non è un problema, scegli una donna, è lo stesso.» Giovanna ci mette un lasso di tempo considerevole, ma alla fine sceglie Isabella, che accetta e si corica a terra sul materassino, accanto a Ludovica.

«Manca Bianca» dice Philippe. Lei fa qualche passo e poi non ha dubbi e mi sceglie. Mi butto, con una sola regola in testa: dare e avere, e mi mette accanto a mio marito Ennio. Torna a sedersi al suo posto da spettatrice. «Perfetto» commenta Philippe, passeggiando nel cerchio. «È lampante, dal suo racconto, l'assenza del marito. Il suo nome?» Sorride, e la puntualità immediata che si palesa la afferriamo tutti, quell'uomo è talmente assente che ci siamo dimenticati di interessarci del suo nome.

«Marco, Marco» si affretta a tappare il buco Giovanna.

«C'è una famiglia unita e c'è un esterno.» Mentre Philippe parla, io mi sento bene, ma bene per davvero, un bene rubato, non mio. E un odore di lavanda mi riempie le narici. Non dico nulla, attendo una domanda. «Si incomincia sempre dai morti» dice chinandosi su Ennio. «Come stai?» gli domanda, chiudendo gli occhi.

«Sono sereno, i muscoli distesi, le palpebre pesanti.»

Philippe gli accarezza rapido il petto alzandosi in piedi.

«Tuo papà è sereno, è già dall'altra parte, non ha questioni irrisolte che lo trattengono» dice rivolgendosi a Giovanna, visibilmente toccata. «Tu? Come ti senti?» chiede a Giovanni, standogli accanto.

«Mi fa male la bocca.» Si passa la lingua su un dente.

«Ha la bocca piena di ascessi» conferma stupita Giovanna.

«Bene, siamo ben saldi nella tua costellazione, hai

scelto bene» dice Philippe. «E non c'è altro che ti senti di dirci? Di cosa hai bisogno?» domanda tornando con lo sguardo su Giovanni.

«Ho freddo, vorrei mio nonno.» Philippe le chiede se erano legati.

«Molto. Mio padre era un'altra persona con suo nipote, affettuosissimo.»

«Ok... e tu, Bianca, che puoi dirci?» Io arrossisco, mi vergogno e lui lo percepisce.

«Lasciati andare, tutto è importante.»

Chiudo gli occhi.

«Io mi sento bene, proprio bene, quasi ubriaca, nulla mi tocca, e un odore di lavanda nelle narici. Fortissimo... è pazzesco, ma è proprio così...»

«Sono scioccata. Mia madre ha l'Alzheimer, ed è serena come l'acqua ferma. La lavanda è un nostro ricordo, da bambina me ne faceva trovare ogni sera sotto al cuscino, e io mi addormentavo con quel profumo.»

È straniante il sentire che quello che si prova, per quanto assurdo, ha un senso per una sconosciuta. Mi dà fiducia, e l'imbarazzo decade.

«Marco, tu come ti senti?» chiede Philippe dopo aver fatto alcuni passi per avvicinarsi a lui, dall'altra parte della scena.

«Io non so che cosa ci faccio qui» risponde lui, quasi con disgusto, desiderando ancora più distanza.

«Vuoi allontanarti ancora di più? Se vuoi puoi.»

Marco, allora, esce dal cerchio e si mette alla finestra, guardando fuori, dando le spalle a tutti.

«È così?» domanda Philippe a Giovanna.

«Sì... lui ha una nuova compagna, i figli di lei lo adorano. Ha realmente messo una pietra sopra tutta la questione.»

«Di fatto sei sola. Ennio non c'è più e Bianca è ammalata. Hai un compagno da inserire di cui non ci hai parlato, un amico, un'amica, qualcuno che ti è vicino?»

«No. Ho fatto terra bruciata, non ho nessuno, sono prosciugata da questa situazione.»

«Ho capito. Credi in qualcosa a cui ti aggrappi quando sei stanca?»

Lei sorride da atea. «No, no davvero.»

«È questa la tua chiave d'oro, Giovanna. Ti devi riaprire al mondo, da sola non puoi reggere.»

«Lo so...»

«Dimmi due qualità che vorresti in un uomo. Le prime che ti vengono, senza pensare» la incalza, le batte il tempo per non farla ragionare troppo.

«Responsabilità» risponde, e le viene da ridere, come se stesse per dire qualcosa di inopportuno che non si è mai concessa in tutta la vita «e ridicolo.»

«Ridicolo, aggettivo bellissimo, brava!» La incoraggia, facendo scendere la temperatura a un livello più giocoso, affievolendo tutto, coprendo gli spigoli con dei cuscini, rendendo tutto meno pericolante. «Responsabilità e ridicolo, Maria e Valentina, voi siete queste qualità che Giovanna desidera in una relazione, venite qui e cercate un contatto con lei, per favore.» Si alzano e abbracciano da dietro Ludovica, la sua rappresentante, che cambia immediatamente espressione del viso. Gli occhi meno stanchi, più luminosi. Il pensiero che i bisogni personali esterni combacino con quelli della costellazione mi balena per la testa. Ludovica ucciderebbe per un po' di affetto, come si è visto prima di entrare, ma in questo caso è funzionale alla causa.

Philippe si carica su una spalla uno degli zaini, sembra molto pesante, poi lo lascia cadere davanti ai piedi di Ludovica.

«Questo è tutto il peso che ti ostini a voler portare da sola. Caricatelo.» La aiuta con i passanti dello zaino e le braccia.

«Cazzo...» commenta lei.

«Eh, già... e non sei stufa? Non pensi di doverlo condividere con qualcuno?» Un rumore di pietre dentro lo zaino che incocciano tra loro.

«Sì. Con lui» risponde indicando Marco, alla finestra.

«Ti va?» le chiede Philippe, e la segue, dopo un piccolo indugio iniziale di lei e le qualità al seguito.

Marco è granitico, non si volta.

«Ripetigli quello che ti dico io.» Lei annuisce, con rabbia rinvigorita al cospetto del suo ex marito.

«"Io non ero d'accordo, ma sbagliavo obiettivo, io non ero d'accordo nell'avere te come padre di mio figlio, e questo mi terrorizzava. Oggi, io depongo l'ascia di guerra, sei libero di voltare pagina, di dimenticarti di noi."» Ludovica ripete. Giovanna, quella vera, seduta a qualche metro dalla finestra, guarda forse per la prima volta con pietà se stessa e lui, e una commozione di tenerezza le compare in viso.

«"Noi ce la caveremo benone. Questo è quello che sentivo di dirti. Adesso ti lascio questo zaino."» Le fa cenno di toglierselo e abbandonarlo, lei ripete e poi lo scaraventa a terra rumorosamente.

«"È la tua parte, ti auguro di farci i conti prima o poi, e ti ringrazio per il ragazzo che abbiamo portato al mondo. Mio figlio Giovanni."» Una coperta morbidissima cala su tutti, un silenzio generale, rotto solo dal rumore di un aereo che passa lontano nel cielo. Philippe fa cenno a tutti facendolo notare. «La pace è in consegna» dice indicando il passaggio dell'aereo sopra di noi. Solo Marco non è cambiato, fermo a guardare fuori, non si è caricato lo zaino. «Verrà il suo momento. Lasciagli il tempo» dice a Giovanna, che lo ascolta con sguardo esausto ma a nuova vita restituita. «Ti va di andare da tuo figlio, adesso?» Massimiliano, rimasto accanto a me ed Ennio. Tutto il gruppo si sposta, Ludovica, le qualità, Anna e Philippe tornano nel cerchio. «Guardalo» dice ancora a Ludovica. «E ripeti come prima.» È un momento di autentica bellezza che mi scaraventa fuori, sono io che mi commuovo ascoltandolo. «"Io sono tua mamma, e questo non lo porta via neanche il vento più violento, il nostro, tra noi, che trascina via tutto, sedie e tavoli. Io ci sono, e quando mi farai posto arriverò subito da te. Ma non più così. Libero me e te, adesso. Questo morire ogni giorno, un pezzo alla volta, finisce qui. Io non posso costringerti a vivere e ad amarti. Sei sempre nei miei pensieri, sempre, ma ho una vita da vivere, che ho messo in pausa per troppi anni, dimenticandomi quanto può essere bella e valida. Mi rendo conto solo ora di volerti con me, ma quel con me, al momento, è una casa diroccata, che mi riprometto di ricostruire, di ridipingere, di profumare e di rendere quel con me un luogo gentile in cui riaccoglierti."»

Dopo che Ludovica ha ripetuto, Giovanni si gira e la abbraccia stretta, alzandola da terra.

«*Voilà...*» commenta Philippe.

«È una bella storia d'amore tra una madre e un figlio che finalmente si riconoscono. L'*Amour*... sta tutta lì la storia dell'umanità, un figlio che si apre all'amore di sua madre.» Un applauso conclude la costellazione di Giovanna e possiamo tornare ai nostri posti. Mario ci mette un po' di più, lo vedo parlare con Anna e Philippe per qualche minuto, lo sento dire che era veramente incazzato, che non lo credeva possibile ma si è dovuto ricredere. Tornando al suo posto, cerca Giovanna, che lo abbraccia spontaneamente e lo ringrazia per la disponibilità.

«Piccola pausa di dieci minuti» dice a voce alta Anna.

Figurati io mi si avvicina. «Forte, eh?» mi domanda.

«Molto, non so spiegarlo. Strano, strano, strano...»

«E sei riuscita a fare i collegamenti?»

«Che collegamenti?»

«Il senso che ha avuto la costellazione per ogni rappresentante.»

«Ah, no, non ci sono riuscita, ero ancora troppo dentro.»

«Quello che faceva suo marito è un senza palle anche nella sua vita reale, quello che faceva il figlio ha bisogno di amore materno, la ragazza che faceva lei è una sciroccata che vive per una carezza, e poi, tu, una rincoglionita ultraterrena. Tutto molto puntuale.»

«Ma sarai stronza, eh?» Uscendo dalla porta d'ingresso e accendendomi una sigaretta, controllo il cellulare. Tutto tace. Bene. «E se chiamassero te? Sarebbe per fare la carampana, fidati di me.» La abbraccio, strizzandole le spalle.

«Fosse per me farei solo morti, specie dopo pranzo, te ne stai lì paciosa.»

Il gruppo si è unito visibilmente, in un legame affettivo profondo. Il ghiaccio formale si è crepato e le parole di affetto si sprecano.

«Grazie mille...» mi dice Giovanna, affiancando me e Figurati io.

«Grazie a te per la fiducia.» "Grazie a te per la fiducia", ma che sono, una hostess di una compagnia aerea dopo l'atterraggio? «Volevo dire grazie per avermi scelto, è stato bello.» Mi sorride.

«Signora, lei farà la sua?» rivolgendosi a mia madre. Le ascolto ciaccolare amabilmente del più e del meno, e ghignando internamente, mi dico che le costellazioni fanno miracoli veri, un centro sociale che parla con una clubhouse, non basterebbe un aereo per colmare la distanza che c'è tra queste due donne, ciononostante il caso vuole che Giovanna abiti nella stessa via in cui mia madre è nata, e che quel signore tanto gentile, che lei ricorda, sia ancora vivo, e la sua gentilezza immutata. D'altri tempi, concordano. Al contrario di oggi. Segue una tirata di mia madre sul minestrone interrazziale che è diventato negli anni quel quartiere, che Giovanna mal digerisce ma tace per rispetto e quieto vivere. L'aria di sbigottimento dalla faccia di Massimiliano ha lasciato spazio a un volto più rilassato, un sorriso ebete da massaggio, o da due bicchieri di buon vino; rifugge ancora gli sguardi, ma è più presente. Mi fa tenerezza e trasmette una simpatia spontanea, quando tornati dentro e seduti nuovamente uno accanto all'altro, tra il vociare generale, mi domanda se sono fidanzata, e al mio sì, rincula, piccato, arrossendo fino alle orecchie.

«E tu?»

«Mi piacerebbe tantissimo, anzi, non desidero altro.» Lo dice come un bambino la notte di Natale, che stringe a sé il cuscino e sogna di scartare l'indomani mattina il regalo agognato per mesi.

«E di Ludovica che mi dici?» Lei è dirimpetto a noi, intenta a cercare un pacco di fazzoletti nella borsetta accasciata a lato della sedia.

«Graziosa. Non saprei.» Guardo lui che guarda lei. Non è voglia di scopare, è voglia di dare un freno alla solitudine; la sua pupilla non si abbassa, non scende sotto la linea di demarcazione del viso di lei, lo sguardo lunghissimo di certi uomini, il suo, che non spoglia per le nudità, ma inserisce in un matrimonio rarefatto, un bagliore diffuso e biancastro invade la lente di chi lo ha creato, dove tutto permane felice ed etereo, come in uno spot pubblicitario; le famiglie stendono al sole panni di un bianco irreale, e i panorami su cui si affacciano le loro case, generalmente di campagna, sembrano dipinti da un'entità superiore che non lascia nulla al caso, neppure un papavero sghembo, nella distesa di rosso. «Ci rifletto» mi dice, interrotto dalla voce di Philippe che ci riporta all'attenzione.

«Tutto ok?» chiede a Giovanna, assalita da conati di sbadigli continui.

«Non riesco a smettere di sbadigliare, scusate.»

«È sano» le spiega Philippe. «Stai mollando la presa, vedrai che febbrone ti verrà stanotte.»

«Sarebbe stupendo... sono anni che non mi viene la febbre.»

«Non fatico a crederlo, sono anni che tieni la corda tesa» schiocca le dita «ma adesso è finita.» Giovanna annuisce con il capo, le labbra ridotte a un filo, risucchiate in bocca. «A chi tocca?» chiede Philippe alla sala.

«Vuoi andare tu?» mi sussurra Massimiliano.

«No, no.» Non me la sento ancora, non so da dove cominciare. Allora lui alza la mano e si siede tra loro due. Trema come un budino, bianco come le ossa del pollo, le labbra aperte, iperventila.

«Massimiliano, calmati.» Philippe lo accarezza.

«Ora mi passa...»

«È già passato. Non c'è nulla da temere. Guardati intorno, sei in un luogo bellissimo, immerso nella natura, che ti dà tutta la forza di cui necessiti, sei con un bel gruppo di persone, tutte qui per te, pronte a tutto per te. Nulla di brutto può succedere, il peggio che può accadere è il liberarti finalmente delle zavorre a cui tieni così tanto.»

«Vadano a quel paese le zavorre» risponde Massimiliano, che adesso singhiozza.

«Molto bene... Sai cosa vuol dire il tuo nome?» Lui fa di no con la testa ancora china. «Sommo. Tu sei sommo, fai il sommo.»

La sala ride, lo prende in giro, stemperando, e funziona, perché ridendo e dimostrando autoironia, Massimiliano abbandona la posizione ripiegata sulle viscere e raddrizza la schiena contro la spalliera della sedia.

«Eccoci qui. Dimmi tutto quello che vuoi.»

«Io sono qui perché non voglio invecchiare da solo.» Lo dice velocissimo, come se le parole fossero roventi.

«Hmm... quanti anni hai?»

«Quarantasette.» Ma sembra aver detto novantasette.

«Sei giovane. Perché ti senti in ritardo?»

«È più sottile... Quando conosco una donna io mi

innamoro subito, o meglio, mi innamoro dell'idea di non essere più solo, e vivo nel terrore della fine perché mi autoconvinco che quella persona sia la mia ultima occasione di felicità.»

«Ma non potrà mai funzionare così, amico mio. È soffocante, mi intendi?»

«Certo, lo so, lo so... infatti non dura mai.»

«Ci credo, hai una visione da piano pensionistico delle relazioni. Dobbiamo capire il perché.»

Ciò che ha sentito ha fatto sogghignare Massimiliano. «Sono qui per lavorarci su.»

Philippe chiude gli occhi, massaggiandosi la fronte con le dita, e quando li riapre, ricompare quello sguardo predatorio.

«Chi nella tua famiglia è rimasto solo? Voglio dire, chi ti ha fatto pensare: io una vita così non la voglio vivere?»

«Mia zia. È spaventosa la sua vita.»

«Cos'ha di così spaventoso?»

Sbuffa, come a dire: quante ne vuoi?

«È una prof di un liceo classico in città, insegna italiano, ma non ha altro. Deve dire grazie al suo lavoro se ha ancora qualcuno che la ascolta. Non so come dire... ti rompi una caviglia, poi si risalda e ricominci a camminarci sopra, normale, no? No, lei anche se guarita ha bisogno di quel dolore, e allora saltella metaforicamente nella sua vita, su una caviglia sana, da decenni, in una concentricità sempre più abbrutente.»

«Ma dov'è il punto, Massimiliano?»

«Il punto è che più passano gli anni e più ci si avvita, e il coraggio si asciuga sempre di più, sempre di più, fino alla caviglia. Io il malessere come un caro amico non lo accoglierò mai.»

«C'è tanta rabbia verso questa zia, te ne rendi conto?»

«Sì, assolutamente.»

«E perché, ti va di dirmelo?»

Prende rumorosamente fiato dalle narici. «Perché la solitudine rende coltello ogni cosa. Mettiamola così.»

«Meno criptico?»

«È una donna che evita di guardarsi allo specchio e si conta palle da tutta la vita per tirare avanti nella sua testa.»

«Provo a decifrare quello che sta sotto... Ti umilia?»

«L'ha sempre fatto. La solitudine fa preferire una risata interna a una condivisa con tutti. Lei sta come su una parete di roccia, e continua a salire grazie agli appigli che compaiono dal nulla, a ogni meschinità che dice e fa: *plop!* Appiglio, e sale, si eleva, sta meglio solo se affossa gli altri. Perché ormai è tardi, ed è molto meno laborioso trattar male.»

«Ok, questa zia la metteremo sicuramente, ma cosa c'entra con te? Ti riconosci in lei in qualcosa?»

«No, siamo distanti in tutto, ma mi fa orrore comunque la possibilità di invecchiare così, solo e malmostoso, gestito e non voluto, alle feste comandate, per esempio. Come ci si possa ridurre così, io non lo so, ma è una possibilità.»

«Davvero non vedi nessuna sfumatura nel mezzo?»

«Eh sì, sta nella coppia, nella vita a due.»

«Ma anche soli. Che c'è di male, se ogni persona sola sul pianeta fosse come tua zia sarebbe la catastrofe, ma non è così, là fuori ci sono persone soddisfattissime e interessate agli altri.» Massimiliano lo guarda con l'espressione di chi questa storia non la beve più. «Non ti convinco?»

«Io voglio una compagna, non voglio che mi si dica che va bene uguale.» Mostra tra le righe un lato imprevisto e saccente.

«Ma non funziona così...»

«E come funziona?» chiede, sempre più spazientito. Guardo Philippe, non si scompone, anzi, è in pieno controllo.

«Non così.» Lo provoca per una qualche reazione.

«Puoi dirmi come?» domanda serrando e rilasciando la mandibola dura come un ferro di cavallo.

«Puoi dirmelo tu?»

«E si paga persino per 'sta merda!?» dice andandosene dalla sala sbattendo la porta, lasciando tutti attoniti. Tutti, tranne Philippe.

«Era necessario. Lasciamogli il tempo di capire che non lo avrà forzandolo così» ci rassicura. «È normalissimo... Tante persone vengono qui e vogliono la bacchetta magica, ma qui non c'è magia, c'è solo il mettersi in gioco, con coraggio» dice battendosi il pugno sulla coscia.

Pochi minuti dopo Massimiliano rientra, la faccia arrossata dall'acqua con cui si è sciacquato il viso in bagno.

«Chiedo scusa a tutti» dice flebile. «Vorrei sprofondare. È possibile azzerare e ricominciare?» chiede guardando Philippe, che scoppia a ridere e lo accoglie nuovamente, come un vecchio amico sull'uscio in un giorno di pioggia.

«Se sei d'accordo vorrei fare una cosa per te.»

«Certamente, facciamola.»

«Voglio che tu scelga una donna, e la metterai dove ti pare nella sala. Rappresenterà il traguardo, la donna che è già in moto nel mondo e che scalpita per incontrarti.» Queste parole lo illuminano come una lampadina. «Ma non prima di aver affrontato qualche prova, ok?»

«Ci sto.»

«Vai...» Fa cenno di scegliere la rappresentante. Lui si alza e ci scruta. Mi osserva, mi sorride e passa accanto, fino a Ludovica. Lo sapevo, mi dico.

«Ti va?» le chiede.

«Sì» risponde lei, squittendo, un po' incredula, lo segue, mano nella mano, in testa alla sala, alle spalle di Philippe e Anna, dalla parte opposta all'ingresso.

«Perfetto. Ora lasciala lì e dimenticala. Dimenticala» ripete, vedendolo rapito dal ruolo desideratissimo che lei riveste.

«Sì, sì, scusami, ci sono» dice tornando tra noi.

«Ora scegli tua zia. Come si chiama?»

«Eugenia.»

«Prendi per mano Eugenia e andate dalla parte opposta della sala, lontani dalla tua compagna.» Anche qui non ho dubbi, e infatti, va diretto da Maria, la figura che emana più irrisolto tra tutti noi presenti. Lei accetta e vanno davanti alla porta a vetri chiusa alle loro spalle. Ludovica a prua e loro a poppa della grande sala. Philippe e Anna li raggiungono affiancandoli dalla parte di Maria.

«Ora, lentamente, un passo alla volta, vi incamminate verso di lei. Tu, Eugenia, ripeti a lui quello che io ti dirò. Tutto chiaro? Senza scalpitare.»

«Chiaro» rispondono entrambi.

«So di farti paura e ribrezzo con tutta me stessa.» Procedono di due passi. «So anche di avere un potere enorme su di te, io condiziono tutta la tua vita, da sempre, con il mio parlare volutamente sgradevole, che ti ferisce e immobilizza nell'odio.» Massimiliano sbuffa, accelerando il passo e il processo, ma Philippe lo riprende immediatamente. «Non avere fretta, non ci arrivare così» e continua. «Non credi ci debba essere un uomo nella tua vita? Non una donna. Che ci fai tu con una donna, piccolo come sei, andresti guidato da un altro uomo.»

«Non sono gay...» risponde con rabbia e vergogna.

«No? Come puoi esserne certo, hai provato?» Le gambe pesanti ma continuano ad avanzare.

«Taci, per favore, taci.» "Ci risiamo" mi dico "adesso sbotta di nuovo e spacca tutto."

«Quando la ammetterai a te stesso quella cosa che proprio non mi perdonerai mai?» dice Maria procedendo verso Ludovica, che li attende intimorita dall'intensità della scena.

«Io non sono come te, scordatelo.»

«E come sarei io?»

«Una lesbica» fa lui interrompendo il passo, sbattendo la suola delle scarpe sul posto.

«Max? Devi dirmi cosa è successo, perché sento che siamo al punto focale della questione» dice Philippe mettendosi di fronte a lui.

«Avevo una fidanzata da qualche mese, mancava poco all'anno, e, grazie a mia zia, lei ha scoperto di essere omosessuale e mi ha lasciato per stare con lei.»

Philippe batte le mani ai lati delle sue cosce. «Alleluia... tutto quell'odio non me lo spiegavo... Bravo» gli dice rimettendosi a lato di Eugenia. «Stanno ancora insieme?» gli chiede.

«No, no, ormai da molto tempo.»

«Ti chiedo scusa per quello che ti ho fatto» dice Philippe ricominciando a parlargli attraverso Eugenia. «Un alto tradimento in famiglia, che ti ha ferito a fondo e ha incrinato per sempre il nostro rapporto. Sono stata egoista e noncurante.» Ormai mancano pochi metri all'arrivo da Ludovica. «Fregandomene di te per tutto questo tempo.» La faccia di Massimiliano si accartoccia, congestionata e scarlatta, il pugno, quello libero dalla mano di Maria, pulsa stretto, le nocche lucide appena sotto la pelle tesa. «Ma ti devo anche ringraziare, per avermi fatto incontrare lei, che altrimenti non avrei mai conosciuto. Grazie, mille volte grazie, dal profondo del mio cuore. Puoi accettarlo?»

«Ti ho odiato, ho desiderato la tua morte, nella mia testa l'ho anche meditata.» È un fiume inarrestabile che rompe gli argini. «Sei sempre stata il grande cattivo della mia vita, e in ultimo questo sfregio. Ho preso benzodiazepine per colpa tua, ho rinunciato agli ultimi Natali in famiglia per non incontrarti, perdendomi l'ultimo Natale di mio padre. Non mi sono mai dato pace con te, mentre tu non mi concedevi neanche un pensiero, un: avrò agito bene? Sempre dritta dentro te stessa, perché lì dentro non c'è spazio che per te, te e basta. Ma adesso ti vedo per quello che sei, una donna sola che le ha sbagliate tutte e raccoglie quello che è.» Eugenia/Maria piange, toccata dalla catarsi del momento, e dalla violenza verbale che le piomba addosso come una katiuscia.

«Non va bene così, Max...» scuote il capo Philippe. «Interrompiamo qui. Mi dispiace, hai lavorato abbastanza.»

Io non credo alle mie orecchie, lo trovo crudele, a due passi da Ludovica che torna a sedersi.

«Mi dispiace, ma non posso forzarti ulteriormente» continua contrito Philippe, appoggiando una mano sulla spalla di Massimiliano che si discosta istericamente, indossa la giacca e scompare. Una sgommata e il rumore dell'auto che si allontana.

«È brutale, lo so» dice Philippe parlando alle nostre facce sconcertate. «Sono molto infelice per lui, e cercherò di sentirlo, ma esistono diversi livelli di risentito e rabbia, e il suo è ancora distante... Qui, non mi stancherò mai di dirlo, si deve venire quando non se ne può più, sui gomiti, sulle ginocchia, se necessario, non per confermare a se stessi quanto si è incazzati e miserabili, ma per liberarsene una volta per tutte, rispettando il risentito di tutti, anche di chi ci ha fatto il male più inimmaginabile. L'obiettivo è sempre lo stesso: lasciare andare.» Tutte, anche le più veterane come Isabella e Valentina, hanno la faccia di chi è passato attraverso a una scossa di terremoto.

21

«Direi che va bene così per stamattina» dice Philippe dando uno sguardo all'orologio. «La mensa aprirà tra quindici minuti. Riprendiamo per le due meno un quarto?» continua chiedendo conferma con lo sguardo ad Anna, che annuisce. «Rimanete radicati nel qui e ora, quello che è successo è un bene. Doveva accadere.» Si alzano ed escono dalla sala, parlando in francese serratissimo, con aria da cospiratori. La cartina della sigaretta sfrigola a ogni boccata come un piccolo soffritto.

«Oi, Filo, tutto bene lì?» domando, appena lo sento al telefono.

«Da dio, siamo sereni. Abbiamo appena finito di mangiare, e tu?» Le sue parole e il tono che utilizza mi danno un grande senso di libertà che ricollego allo stesso sentimento che provavo da ragazza quando uscivo la sera e di tanto in tanto sentivo i miei, per rassicurare loro e me stessa sull'andamento della serata, e percependoli in fiducia mi delegavo una serenità tonda e morbida.

«Grazie Filo, ti sono debitrice. Qui tutto benissimo, ti avverto quando sto per tornare.» Figurati io mi fa cenno di seguirla per andare a mangiare.

«Goditela, a più tardi» e attacca. Gli voglio un bene matto, penso, mentre la raggiungo e imbocchiamo la rampa di scale ricurva tra l'ingresso della sala e i servizi. La mensa dei preti è speculare alla grande sala sopra le nostre teste, tanti tavoli ne compongono uno unico e lunghissimo. A lato, il percorso obbligato, prima il vassoio, il tovagliolo, le posate e il bicchiere, in coda, uno dietro l'altro; la mensa propone penne e piselli in rosso o insalata, per dolce un frutto o della panna cotta. Vino rosso già scaraffato in tavola, con una piccola schiuma che suggerisce la vivacità. Io prendo tutto di tutto, e mi siedo nella nostra ala di tavolo, i preti dall'altra. Maria, davanti a me, mangia come se non ci fosse cibo per tutti, trangugia volgarmente, pulendosi una sola volta, alla fine del pasto, con il tovagliolo, le labbra dorate dal sugo. Philippe, a capotavola, ha pochissimo nel piatto, suppongo per non appesantirsi. Prima di iniziare anche io, noto, accanto al piatto di Isabella, tre metà di pastiglie color pastello tenue, che ingoia con un dito d'acqua e spiega a mia madre, che ha una vera fascinazione per i medicinali, e un certo orgoglio per il suo non doverne prendere ancora alla sua età; dice che le vene le si glassano se se le scorda. Figurati io guarda le pastiglie, poi il piatto stracolmo di lei, il bicchiere riempito di rosso fino all'orlo, e la mole che le ricopre le ossa. «Ma gioia, hai mai pensato di...» La interrompo tempestivamente, prima che la schiettezza faccia spazio alla sgradevolezza, fulminandola con lo sguardo.

«Sembrava così spaurito, no? E invece...» riferendomi a Massimiliano.

«Troppo incazzato. Philippe ha fatto bene a suggerirgli la porta, avrebbe rovinato le costellazioni a tutti» commenta Isabella, con fare medico che sceglie il male minore.

«Ci stavo lavorando...» le sorrido ironicamente.

«Che intendi?» Indico con il mento Ludovica, vestita da babysitter, la polo chiara abbottonata fin sotto la gola, dritta sulla sedia come una ballerina classica, sintomo di un'educazione borghese, i polsi appoggiati sullo spigolo del tavolo e la forchetta che raggiunge la bocca, non il contrario. Un boccone e una strofinata di labbra, precisa, sembra impegnata in una partita a Tetris nel suo stomaco con le penne, calcolando esattamente dove cascherà questa, e quella dopo.

«Ah!» commenta, come parlando di una causa persa. «Citando quel film... un giorno incontrerà qualcuno, e quel qualcuno perderà la sua felicità.» Vorrei tirarle un pugno sul naso, o dire a Ludovica di cambiare aria, che queste sono tutte stronze a sua insaputa.

«Cosa stavi dicendo? Ti ho interrotto» dico rivolgendomi a mia madre, che riprende da dove aveva lasciato il discorso delle pasticche. Mi limito a questo, sorseggio come dagli spalti romani il vino, guardandola sbranata dai leoni, senza tendere una mano, persino quando mi viene chiesta con lo sguardo. Crepa, troia, tu e la tua falsa comunione di intenti.

Finisco la panna cotta, è zucchero sullo zucchero, ho bisogno di un caffè che mi sciacqui la bocca. Raggiungo Ludovica, davanti alle tre vasche di plastica bianca, in una le posate, nell'altra i piatti, e in un'altra ancora i bicchieri. Le chiedo come sta, se le va un caffè, ma non mi sente nello sferragliare delle posate che cascano.

«Come, scusa?» La voce in punta di piedi.

«Ti va un caffè?» Scoprendo nel medesimo istante che il caffè, se così si può chiamare, lo produce uno di quegli armadi di plastica e metallo terrificanti, che di tutto fa, tranne che produrre caffè. «Niente gomma fusa?» intendendo nei suoi occhi il mio medesimo sentimento disgustato. «Per carità». Uscendo, mi lascio alle spalle i brandelli di Isabella, che non ha toccato cibo, sta tutto nel piatto, sotto l'occhio di Figurati io, e la sua avversione per chi in vita ha mangiato tanto cibo da poter sfamare l'Africa subsahariana.

Risaliamo la rampa di scale. Ludovica sta tutta zitta, persino le suole delle scarpe tacciono.

«Eccoli» le dico, una volta uscite. Giovanna e Mario, all'ombra del pergolato di caprifoglio nel piazzale, stanno mettendo via i Tupperware del pranzo portato da casa.

«Come avete mangiato?» ci chiedono. Non rispondo, aspetto che lo faccia lei, lasciandole lo spazio e la comunicazione di cui ha tanto bisogno.

«Pasta e piselli e della panna cotta» dice, io confermo con lo sguardo un non male, incurvando le labbra verso il basso e inclinando la testa verso destra. «Voi?» continua, tendendo per aria la palla della conversazione; al contrario di ciò che provo per mia madre quando lo fa, ora tifo per lei.

«Del cous cous» le risponde Giovanna.

«Rimasugli che avevo a casa» dice Mario.

Una brezza delicatissima smuove le foglie e mi accarezza il collo, il sole, fuori dal rettangolo di ombra del pergolato, arroventa il pietrisco color crema del piazzale. Il dolciastro del caprifoglio rinvigorisce nella mia bocca lo zucchero della panna cotta, ho bisogno di bere acqua, ma si sta così bene, talmente bene che mi scordo di Giorgio, di Vit e di tutto, disintegrandomi in quella luce e in quel verde scintillante e profondamente buio negli angoli non assolati. Poi non resisto più, la lascio lì, in quella che giudico una buona compagnia, quantomeno accolta, da persone che la riconoscono per la esposta che è. Il bagno è a box in fila, uno dietro l'altro, e ognuno di questi ha di fronte a sé un lavabo, di quelli vecchi, con le manopole dell'acqua calda e fredda, e il doccino che spruzza scomposto, come se l'acqua risalisse dai tubi impedita a destra, e poco prima della caduta l'ingombro scomparisse, scaraventando il getto tutto a sinistra. Troppo piccolo per bere con la bocca, con le mani a coppa, bevo, facendo tornare le guance interne della consistenza che riconosco mia. Uniformemente lisce tra le conche dei denti.

Nella sala deserta, seduta su una sedia, gli occhi dentro allo schermo del cellulare, la segretaria con una mano regge il telefonino, con l'altra si asciuga il naso con un pezzo di carta esausta.

«Un po' di montagne russe oggi, eh?» esclama, appena avverte la mia presenza, senza guardarmi, con lo stesso pathos di chi chiede all'ospite di togliersi le scarpe prima di entrare.

«Ho visto di peggio...» le rispondo. Lei tace. Rimaniamo in silenzio per qualche minuto, l'allergia la fa sembrare inconsolabile. Sono le due meno dieci quando Philippe e Anna rientrano nella sala, Giovanna e Mario al seguito sembrano aver legato, nonostante la parte interpretata da lui nella costellazione di lei, o forse è un bene, un riavvicinamento che fa parte del processo. Isabella, Maria e Valentina, i tre sacramenti entrano alla spicciolata, Ludovica entra con riverenza da chiesa e si siede, solo Figurati io si attarda, ed entra quando siamo tutti già in posizione, seduti. Qualcuno scalpita.

22

Mi sento pronta, uno sguardo rapido al cellulare nella tasca del cappotto appeso sullo schienale della mia sedia, ma quando mi giro, Mario è già seduto anticipandomi.

«Mario è l'ultimo?» chiede alla sala Anna. Sono l'unica ad alzare la mano, le altre sono tutte uditrici.

«Non ti va?» domanda rapidamente a Ludovica. Lei altrettanto rapidamente dice di no scuotendo la testa.

«Ok, Mario, a noi» le interrompe Philippe. Ludovica passa in rassegna con lo sguardo tutto il soffitto, poi plana sulle scarpe di Anna, e infine su un'unghia della sua mano portandosela in bocca rosicchiandola. Ha l'aria di chi non tornerà mai più qui, di chi ha perso il treno di proposito.

«Io sono qui perché non voglio più trattenere mia madre sulla terra.» Sospira dal naso rumorosamente.

«È malata?»

«Gravemente, da molti anni» risponde, guardando nei vetri della porta lontana, come se dovesse scorgere la sagoma di sua madre entrare da un momento all'altro. Philippe se ne è accorto, strizza l'occhio ad Anna, alleggerendo.

«Sei spaventato.» Torna da lui, che con lo sguardo non molla la porta. Ma differente, ora sembra guardarla per aprirla e correre via alla chetichella.

«No, perché dovrei?»

«*Mon ami*, non era una domanda.» Passa una mano lenta davanti ai suoi occhi inchiodati, scaraventandolo nuovamente tra noi.

Lo sforzo didascalico di apparire tutto d'un pezzo è spazzato via ormai da qualche minuto, senza guscio, con davanti a sé il grande tema della sua vita.

«Perché usi il verbo trattenere?»

«Intanto perché glielo chiedo.»

«Che cosa?»

«Di non morire.» Le sue sopracciglia si inclinano tristemente verso l'alto, componendo un piccolo tetto spiovente sugli occhi. «Me lo faccio giurare ogni giorno, la scuoto, anche quando lei è in stato soporoso non me ne vado fino a che non me lo giura con un alito di voce. La mia vita non avrà motivo di essere, quando verrà quel momento. E poi mi sento l'ultima delle merde, la costringo a esserci anche se non ce la fa più. Non ce la fa più, Philippe. Non ce la fa più...» Stropicciandosi il naso con le dita.

«Come si chiama tua mamma?»

«Margherita, ma solo sulla carta, in realtà tutti l'hanno sempre chiamata Rita.»

«Da dove arriva tutta questa paura di restare solo senza mamma Rita?»

«Sono sincero, non mi sono mai adoperato per farmi un nido tutto mio, avendo una relazione così simbiotica con mia madre, e adesso, che siamo a quel punto, non ho nulla attorno a me e mi destabilizza. Non ho più venti o trent'anni, sono in là.» La mano, con il dorso, dà un piccolo schiaffo nell'aria, accompagnando il concetto.

«A quel punto» ripete Philippe.

«Sì, a quel punto.»

«Che punto?» In una maniera, un tentativo piuttosto diretto e che non cincischia, di fargli pronunciare morte, lutto o addio.

«Quando non ci sarà più...» Gli occhi di Philippe esprimono una soddisfazione parziale, ma sembra bastargli e molla il colpo.

«È molto forte la tua paura, ha riempito la stanza, riempie ogni ambiente in cui vai, arriva prima di te, come una stretta di mano. Così non puoi costruire nessuna famiglia, Mario...»

«Sono stanco anch'io di tutta questa faccenda, non solo mia madre.»

«Lo so, e tu devi rimanere qui ancora per un po'. Mi domando se tu sia pronto a una condanna a vivere, come ti ostini a credere e autocondanni.»

«Non la conosco la risposta, è tutta la mia vita vissuta nella stessa maniera, proprio non so che ne sarà.»

«Tuo papà dov'è?»

«Mio padre è mancato quando avevo all'incirca sedici anni.» Gli scappa da ridere, si sente inopportuno.

«Perché ridi?» gli chiede Philippe.

«Ma no, mi viene sempre da ridere, anche se in realtà al tempo fu una tragedia» fa passandosi una mano sulla testa calva. «Mio padre, ora di preciso non ricordo, morì di giovedì, il sabato c'era la sepoltura, quel sabato io non avevo neanche più un capello in testa, e con mia sorella maggiore di qualche anno raccogliemmo i miei capelli, e una volta soli nella stanza con papà, gli facemmo un paio di baffi alla Chaplin.» Ridiamo tutti del racconto. «Io non sapevo fare la barba, mia madre e mia sorella men che meno, quindi arrivò l'addetto delle pompe funebri con un rasoio a mano libera e schiuma istantanea. Appena vide nostro padre con quel baffo posticcio, inarcò talmente tanto le sopracciglia che si unirono all'attaccatura dei capelli sulla fronte» fa un cerchio con pollice e indice e lo avvicina al suo occhio. «Noi lo spiavamo dalla serratura, trattenendo le risate che scoppiettavano fuori dai palmi delle nostre mani serrate sulle nostre bocche. Sicuramente lo trovò stravagante, ma anziché buttare a terra i miei capelli, li prese e li appoggiò con cura sul letto, lo rasò per bene e una volta finito, evidentemente, gli passò di mente che baffi portasse nostro padre. Lo vedevamo dannarsi, e anche dopo, mostrando il lavoro finito, sudare, osservando l'espressione di nostra madre quando vide il mucchietto di capelli sotto al naso, al posto di due labbra ordinate e pulite. Non me lo scorderò mai. Lo guardò, troppo educata per commentare, lo ringraziò, e appena quello fu fuori dalla porta tornò in camera, e con una mano come una piccola scopa lo pulì dai peli, e ci disse, avendo capito tutto, nella luce soffusa e tremolante dei lumini rossi: siete il meglio della palude. Un detto tutto suo che usava molto spesso per definire chi agisce con sfrontatezza e senza vergogna. Ricordo il male alla pancia dal ridere, mentre facevo il nodo ai lacci delle scarpe buone di mio padre.» Anna ha dei problemi nel restituire precisamente in francese l'ironia della frase a Philippe. «Poi venni insignito, come in tante famiglie accade, del ruolo di uomo di casa, lo accolsi con fierezza, terminai il liceo e andai subito a lavorare. Pochi anni dopo mia sorella morì di una leucemia fulminante, due mesi e seppellimmo anche lei.» Mario guarda il pavimento, la terra ipotetica dove la sorella giace. «Non ci fu nessuna risata, fu come navigare nella nebbia con il timore degli scogli. Al suo funerale non ricordo neanche da che parte ero seduto, e le tante facce che mi picchiavano le guance in baci di condoglianze. Non passò molto che mia madre si ammalò, ma non ricordo la sorpresa, quando i medici ce lo comunicarono. Esiste una maniera tutta grigia di desiderare un brutto male, e così è stato per lei.»

«Comprensibile, povera donna, ha avuto un'esistenza poco gentile con lei» commenta Philippe.

«Già.» Sorride commosso.

«Bene, grazie Mario, per la grazia con cui ci hai raccontato la tua vita.»

«Di nulla.» Sembra averlo colto di sorpresa, per lui è stato naturale, ma accetta l'apprezzamento.

«Ora, per favore, scegli tua mamma Rita, e te stesso.» Mentre Mario sceglie Ludovica per sua madre, e Giovanna per se stesso, Philippe torna nella rappresentazione con lo zaino zeppo di pietre in spalla e lo passa a Giovanna, che se lo carica, puntellando le gambe saldamente. Si rivolge a Giovanna che interpreta Mario e le chiede di ripetere, per filo e per segno a Rita ciò che le dirà di dirle. «Rita, mamma, sono stanco, è da che sono un bambino che porto entrambi in spalla, senza mai mollare, ci sono sempre stato, perché sei il più grande amore della mia vita, ma questo grande amore mi ha proibito di provarne altri. Io e te respiriamo dagli stessi polmoni, non cambierà nulla.» Mario è sopraffatto dal pianto. Nella sala si sente vividamente l'addio e il freddo che si porta appresso. «Non cambierà nulla, diventerà altro, ti giuro che vivrò appieno la mia vita. Mi mancherai tantissimo, ma non posso più tenerti qui con me, mi sento egoista e ingiusto. Mamma, sei libera di andare, se devi, sei stata una donna e una mamma buona, ed è tutto ciò che conta. Proteggimi, e componi per me una vita simile, cosicché, quando sarà il mio di turno, potrò pensare di me la stessa bontà, di uomo e padre.» Un silenzio attutito, un silenzio da montagna, si propaga.

«Dalle un bacio» le dice Philippe. Giovanna bacia

sulla tempia Ludovica, che al solo contatto trema in tutto il corpo, saettata da un brivido gradevole. Mi sento scossa quando è finita, ma con un gusto buono in bocca.

«Anche tu devi fare una cosa.» Philippe si rivolge a Mario, già fitto nella conversazione con Giovanna che gli siede accanto. Non mi sbaglio questa volta, mi dico, come per Massimiliano e Ludovica, qui una gatta giusta ci cova. «Trovati un medico che sia anche un amico, con la scusa di un prelievo, chiedigli di prelevarti una fiala di sangue. Compra un pennino da china, non deve aver mai scritto, e su un fazzoletto blu scrivi intingendolo nel sangue: "Ti aspetto". Legalo al pene, e portalo per sette giorni senza lavarti.» Condividiamo tutti una faccia schifata e divertita al contempo. «Poi scrivimi una mail e dimmi come è andata.»

Tocca a me. «C'è tua mamma con te?» mi domanda.

«Sì» gli dico, indicandola.

«Se lo desideri dovrà uscire, oppure restare, come preferisci.» Figurati io mi toglie dall'imbarazzo ed esce di sua spontanea volontà. «Buon lavoro» dice, chiudendosi alle spalle la porta.

«Gli ultimi saranno i primi» gioca un po', Philippe, per stemperare. Poi si fa serio d'un tratto. Ha gli occhi come due canne di fucile maculate di ruggine che puntano nei miei. Sono nel mezzo, tra loro due, non so come mettermi, parlo senza guardare in faccia Anna che traduce le mie parole e quelle di Philippe, è straniante vissuto da vicino, e le facce attente dei miei compagni sembrano cascarmi addosso come in una caserma. Prendo fiato.

«Io ho un figlio che si chiama Giorgio, ed è autistico.» La compassione, la sento sbocciare in tutte le direzioni.

«Ah...» commenta Philippe, con circostanza dispiaciuta.

«No, non fate così» li rassicuro. «Lui è un bimbo stupendo, la più dinamica scintilla di vita, io sono qui per me stessa.» Impugno una mano dentro l'altra facendo schioccare le dita. «È seguito benissimo» continuo «ha un'insegnante di sostegno che ha un qualcosa di magico con lui, clicca immediatamente, non so spiegarlo a parole, è qualcosa che sembra arrivare da lontano.» Tossisco quel «da lontano» come qualcosa rimasto di traverso. «Mentre con me è violento, sempre arrabbiato... e io lo comprendo, non ha alternative.» Ho appena iniziato ma mi sembra di parlare da ore.

«Pensi di meritartelo?» mi chiede la voce di Anna nell'orecchio sinistro, mentre le labbra di Philippe si fermano.

«Non so risponderti. Perché anche io provo lo stesso, e lui lo percepisce.» Sospiro dal naso l'aria calda che mi sbatte sulle labbra. «Me lo ricordo come fosse ieri, sono le tre di notte di un gruppo di notti tutte in fila all'altra, gli sto cambiando il pannolino e appena ho finito lo sporca di nuovo, al terzo penso: se sporchi anche questo io mi butto dalla finestra.

Lui mi testa, mi forza continuamente a rinunciare a me stessa.»

«Sentendoti parlare mi viene in mente una parola, come su un foglio bianco: espiazione. Come se tu fossi madre per espiare qualcosa.»

«Incominciamo con il dire che Giorgio è capitato, non è stato voluto né desiderato.»

«Lo senti quanta distanza metti tra te e lui?»

«No, è per introdurre...»

«È capitato. Punto. Il resto è distanza.»

«Ok...»

«Ma forse ho frainteso» dice Anna stringendomi delicatamente il braccio. «Andiamo alla domanda, se no mi perdo.»

«Come dicevo, io sono disfunzionale con mio figlio, e proprio ieri, la sua insegnante mi ha fatto conoscere un'assistente sociale.» Ancora un colpo di tosse. «Diciamo più una trappola, io non ci avrei mai parlato, mi fanno paura, non ci vanno per il sottile, hanno un obiettivo e quello è, senza tanti giri di parole, una mente coercitiva che non amo e mi strangola.»

«Di cosa avete parlato?» Diretto, tagliando il superfluo, a suo vedere.

«Di una soluzione permanente...»

«Cioè? Fatti coraggio, dillo.» Mi sento forzata, e per un istante penso seriamente di ringraziare, chiudere e andarmene, proprio come Massimiliano, ma non voglio lasciare nulla di intentato.

«Di dare in adozione mio figlio.»

«Come ti senti quando lo dici ad alta voce?»

«Mi vergogno.»

«Lascia stare, questi sono secoli di condizionamento sociale. Dimmi tu come ti senti.»

«Spaventata, sarebbe durissimo e ci dovrei fare i conti per il resto dei miei giorni, ma mi domando anche cosa sia peggiore, il mio fare i conti per tutta la vita, o il suo, per tutta la vita con una madre che non lo vuole...» La figura di Giorgio che si allunga infelice nelle ossa mi accoltella il cuore in tutte le direzioni.

«Tu ti poni la domanda, e questo fa di te una brava mamma. Se non te la ponessi non potrei lavorare con te.»

«Ma io lo amo tanto da desiderare il meglio per lui, anche se quel meglio non sono io.»

«Questo è l'amore più puro che una madre possa provare per suo figlio.» Si rivolge alla sala intera, che al contrario di quello che mi aspettavo e immaginavo sorride commossa, ma non capisco per cosa, non sanno la merda che ho in testa e che posso pensare. O forse da fuori è differente, si vede altro.

«Ne hai parlato con il tuo compagno?»

«Non ho avuto modo.» Scuoto la testa come per le cause perse.

«Che rapporto ha con vostro figlio?»

«Rapido, direi così.»

«Non capisco.»

«Torna dal lavoro, due carezze alla testa e via.»

«E tra voi?»

«Questa è un'altra conseguenza. Ci siamo persi da quando è arrivato il bambino. Siamo in un momento di profondo risentimento.» Sorrido, ma è una risposta emotiva. «Ultimamente il nostro rapporto è un po' come quando si è in auto nel traffico e si abbassa il finestrino per dire vaffanculo e crepa a qualcuno e niente più, solo il finestrino che si rialza senza contraddittorio.»

«Il bambino è come se fosse arrivato tra voi per far salire a galla e mettere alla prova la solidità del vostro rapporto.»

«Ma non funziona così per tutti?»

«Certo. E si va avanti anche con lo scafo bucato.»

«Io no, è tutto troppo grande per me.»

«Ma è umano, non ti giudicare così aspramente.»

«Io vorrei essere morta per finta e rifarmi una vita altrove, come Elvis...» Il mio umorismo non aggrappa, c'è silenzio e decantazione di ciò che ho appena detto.

«Io credo tu debba pensare seriamente alla mano che ti ha teso l'assistente sociale. Fare chiarezza con lei e valutare tutto senza tralasciare nulla, tenendo fisso come obiettivo il bene di tutti.»

«Io voglio riabitare la mia vita di prima.»

«Ed è un tuo diritto, ma avrà un costo che non posso anticiparti, lo saprai solo tu quando sarà.»

«Io non voglio più essere una madre.» Non sento nulla dentro di me, come se il mio corpo avesse attivato un meccanismo di autodifesa intorpidendo i recettori. «Fino a qualche mese fa» non so perché lo sto raccontando, forse cerco l'assoluzione per l'orrenda che sono «passavo i pomeriggi al telefono con un numero fantastico, certe buone donne dall'altra parte della linea, le puoi chiamare e loro ti seguono in quei momenti neri. Ti fanno mettere il bambino in sicurezza in una stanza e poi...» Mi si annoda la lingua, non riesco a dirlo.

«Avanti...» mi sprona Philippe.

«Sì, insomma... ti stanno accanto fino a che non passa la mareggiata.»

«Hai pensato di uccidere tuo figlio o te stessa?» Faccio di no con la testa, non per rispondere alla sua domanda, ma per dirgli di non spingersi oltre. Fermati lì, Philippe. Fermati dove sei.

«Scegli qualcuno che interpreti tuo figlio, e qualcuno per te stessa» dice, saltando a piè pari verso la messinscena, sorridendomi e accarezzandosi una guancia, con il dorso che raspa contro il filo di barba che ricomincia a crescere verdastro.

«Ti va di fare mio figlio Giorgio?» chiedo a Mario, che mi ha colpito per la sua profonda sensibilità fanciullesca. Senza pensarci su mi segue, ha la mano sudata, se la asciuga sul pantalone prima di darmela, mentre mi dirigo verso Ludovica; la mia, bagnata dalla sua, fende l'aria, raffreddandosi come se appesa sulle bocchette di un condizionatore, mi massaggio una spalla e quel piccolo gelo si interrompe.

«Posso metterli seduti uno di fronte all'altro?» chiedo.

«Tutto quello che vuoi» mi risponde asciutto Philippe. «È simpatica la tua scelta. Ti sei messa a terra, come i bambini che non fanno differenza tra suolo e sedia, senza paura di sporcarsi.»

Mario, le gambe lunghe e distese, si appoggia sui polsi dietro la schiena, Ludovica, con le gambe incrociate e la schiena yogica, dritta e incava come un cobra sull'attenti. Le ginocchia di Philippe crepitano come legno secco quando le piega chinandosi accanto a Ludovica.

«Prendi un contatto con tuo figlio» le dice. Lei lo cerca e appoggia una mano su uno stinco di Giorgio, piallando lo sbalzo del jeans sotto il suo palmo.

«Questo è un testamento per gli anni a venire... sei stato amato con tutto ciò che avevo a disposizione, tanto, tantissimo, ma non abbastanza, e per lunghi anni mi sono sentita un mostro, questo io desidero ti sia chiaro, e che sia balsamo sui perché che ti poni. Tu non c'entri, sei una cosa bellissima capitata sulla Terra, sono io che non ero pronta a tutta quella bellezza, non l'ho saputa proteggere, in primis da me stessa, hai ogni diritto di soffrire, ma spero con tutto il mio cuore che duri poco, che la tua vita sia piena, talmente piena e affollata da lasciarmi fuori assieme ai cani dei ricordi lontani. Io non mi sposto da lì, sono la mamma del tuo sangue, e sono colma di gratitudine verso la donna che...»

Il cuore mi dà un vuoto d'aria come la cabina di un aereo. «Basta... Basta... Philippe, basta, ti prego.»

«Che succede?» si girano tutti verso di me che faccio appena in tempo a correre verso il cestino grigio accanto alla porta e rimetto tutto in un unico grande sforzo. Li ho tutti accanto mentre mi risiedo. Tutti, tranne Mario e Ludovica, Philippe gli ha fatto cenno di non muoversi. I capelli sulla nuca sudati e le mani dello stesso colore giallo tenue del viso, immagino.

«Non bere, bagnati solo le labbra» mi dice Giovanna, picchiettandomi la fronte con un fazzoletto e porgendomi un bicchiere d'acqua. Gli occhi di Philippe si fanno spazio tra le braccia che mi accarezzano l'addome, le spalle e la schiena.

«Vuoi interrompere?» Mi guarda come chi sa cosa mi è successo e altrettanto sa che non è nulla di grave.

«Sì. Io non lo voglio più questo. Voglio essere io le due mamme, quella prima e quella dopo. Lui non va da nessuna parte» dico scostandomi dalle cure, sedendomi composta sulla sedia, e una gioia, un fuoco nuovo, dalle caviglie risale come liquido sotto la pelle. «Io non vedo l'ora di rivederlo» gli dico «di rivederli entrambi.» Philippe annuisce sorridendo, mi scompiglia con la mano i capelli che cadendo in avanti mi fanno sipario sugli occhi. Odorano di mandorla, come quelli di Vit e Giorgio.

«Ti racconto una storia che può esserti utile» mi dice. «Mi ha cambiato la vita quando l'ho ascoltata per la prima volta, e, ogni volta che non so cosa fare, la mia mente va a questo aneddoto.» Appoggia una mano delicatamente sulla mia spalla. «In un villaggio della Siberia c'era un vecchio contadino che viveva con suo figlio e un solo cavallo che era la loro unica fonte di sostentamento. Un giorno, il cavallo scappò lasciando l'uomo senza possibilità di lavorare la terra. I suoi vicini accorsero da lui per mostrargli la loro solidarietà dicendosi dispiaciuti per l'accaduto. Lui li ringraziò per la visita, ma domandò loro: "Come fate a sapere se ciò che mi è successo è un bene o un male per me?". I vicini, perplessi dall'atteggiamento del vecchio contadino, andarono via. Una settimana dopo, il cavallo ritornò alla stalla accompagnato da una grande mandria di stalloni selvatici. Giunta la notizia agli abitanti del villaggio, questi tornarono a casa del contadino, congratulandosi con lui per la buona sorte. "Prima avevi solo un cavallo e ora ne hai molti, è una grande ricchezza. Che fortuna!" dissero. "Grazie per la visita e per la vostra solidarietà" rispose lui "ma come fate a sapere che questo è un bene o un male per me?" I vicini ancora una volta rimasero sconcertati dalla risposta del vecchio contadino e se ne andarono via. Qualche tempo dopo, il figlio del contadino, nel tentativo di addomesticare uno dei nuovi cavalli arrivati, cadde di sella rompendosi una gamba. I vicini premurosi tornarono a far visita al contadino dimostrandosi molto dispiaciuti per la disgrazia. L'uomo ringraziò per la visita e l'affetto di tutti e nuovamente domandò: "Come potete sapere se l'accaduto è una disgrazia per me? Aspettiamo e vediamo cosa succederà nel tempo". Ancora una volta la frase del vecchio contadino lasciò tutti stupefatti e senza parole se ne andarono increduli. Trascorsero alcuni mesi e il loro piccolo paese dichiarò guerra al paese accanto. Il comando inviò i propri emissari in tutto il circondario alla ricerca di giovani in buona salute da inviare al fronte in battaglia. Reclutarono tutti, eccetto il figlio del contadino che aveva la gamba rotta. Nessuno dei ragazzi ritornò vivo. Il figlio del contadino invece guarì e i cavalli furono venduti procurando una buona rendita. Il contadino passò a visitare i suoi vicini per consolarli e aiutarli, come loro si erano mostrati solidali con lui in ogni situazione. Ogni volta che qualcuno di loro si lamentava, il saggio contadino diceva: "Come sai se questo è un male?". Se qualcuno si rallegrava troppo, gli domandava: "Come sai se questo è un bene?".»

Philippe dice che la storia finisce qui, e non aggiunge altro, solo un ultimo e rapido sorriso al mio indirizzo.

«Dove siete finiti, ti sto chiamando da un'ora» scrive Vit nel messaggio che si impila sullo schermo del telefono, sopra le svariate chiamate a vuoto. Non so cosa rispondere, mentre Figurati io rientra dalla porta a vetri. Io odio gli addii e dobbiamo correre.

«Come è andata?» mi chiede.

«Chiama subito un taxi, sono nei guai.»

«Dove vuoi che sia? Siamo al parco, torniamo tra poco.» Vit visualizza e non risponde. Approfitto di un momento di distrazione generale e sottobraccio esco dalla struttura alla chetichella con Figurati io che si lamenta del passo sostenuto.

«Muoviti, ma'... non ho detto a nessuno che siamo qui.» Il taxi arriva dopo qualche interminabile minuto, io mi abbasso quando la macchina fa manovra per girare il muso nel piazzale e passa accanto a Giovanna e Mario, usciti subito dopo di noi, con i telefoni in mano, intenti a scambiarsi i numeri.

«Buona fortuna!» fa loro mia madre, la testa fuori dal finestrino, ricevendo il nulla in risposta. Mi giro per guardarli rimpicciolirsi come matite mentre ci allontaniamo.

«Abbiamo un talento nell'allibire la gente...» commento.

«Sei tu che ce l'hai. Piuttosto, sei contenta?»

23

«Potesse accelerare un poco, c'è un malato che ci aspetta a casa» dico guardando nello specchietto retrovisore gli occhi dell'uomo gentile che senza dire nulla cambia marcia, rincula lievemente e procede aumentando il passo tra i tornanti in discesa della precollinare.

Lei mi dà uno schiaffo sul lato della gamba e sussurra: «Porta male».

«Molto, anzi, grazie... forse non te l'ho detto.»

«Prego.» Mi guarda come afflitta da paresi improvvisa, o come se mancasse un pezzo alla mia frase. «Che vuoi?» È buffa, mi scappa da ridere, con l'età assomiglia sempre di più a una civetta. «Sentirmi dire che mi odi?... Che testa di cazzo che hai tra le orecchie. Comunque, tutto bene a casa?»

«Ma madre, certo che ti voglio bene, che ti prende? Sì, tutto ok...» dico scostando lo sguardo verso l'esterno, nel verde informe degli alberi che si fondono tra loro come acquerelli indistinti nello sfrecciare della macchina che rallenta e scala in curva e riaccelera nei brevi rettilinei.

«Mi prende la pazza idea che scalda sentirselo dire ogni tanto» commenta lapidaria e tenera, come sempre.

La continuità delle fronde stacca improvvisamente come l'uscita da una galleria. Grigio e balconi, siamo di nuovo in città.

Osservo e mi domando senza trovar risposta da sempre l'algoritmo di certe attività e come queste facciano a non andare in malora e crepare. Al contrario, lì, perenni, come pesci a boccheggiare in due dita d'acqua in un secchio su di un molo rovente. Come i vecchi barbieri, in vetrina in bella mostra la foto tira clienti. Cary Grant, la scriminatura a destra e la testa lucente di brillantina. Oggi i ragazzi hanno tutti delle alopecie d'artista sulle teste, è tutto compositamente sessualizzato, due fiamme calcate sulla nuca seducono più di un completo. E infine la filatelia: «L'unica parafilia non stigmatizzata al mondo, verminosa tanto quanto il frotteurismo in coda alle poste, ma con filigrana dorata a nobilitarne il contesto». Così commenta Figurati io mentre stazioniamo accanto a un negozio di francobolli davanti a un semaforo rosso. «Quanta resistenza c'è in un millimetro di carta, quanto è tenace come ostacolo, quante finestre chiude, quante corde non fa trovare e nasconde i rasoi. Uomini soli appesi con due dita a un'ostia di carta per non cadere.»

«La scusi» dico al tassista. «Mamma, che fai adesso pure la vate?»

Sbuffa, sussultando il corpo: «Ma vai, va'...».

Scrivo a Filo di scendere, tante scuse e dispiaceri. Mi risponde dopo trenta interminabili secondi di stare tranquilla.

Afferro Giorgio come un testimone alla staffetta, bacio la guancia di Filo e siamo di nuovo in macchina prima che possa dire qualsiasi cosa. È un addio, il più brutto della storia, e lui non lo sa neppure, caro, dolce, dolcissimo Filo.

«A casa, per carità» dico trafelata a tutti, poi realizzo il silenzio generale e dico via e numero all'uomo ormai provato da due matte. Vedo Filo aggrottare lo sguardo mentre ripartiamo, lì in piedi davanti al portone come un cane sotto la pioggia, strizzo gli occhi e con un colpo di frusta della testa smetto di osservare, per non creare una cartolina emotiva del momento, e gli auguro tutto il bene del mondo.

«Pazza, ti chiamo domani» mi saluta Figurati io.

«Ok» le dico prima di sbattere la portiera, la mano di Giorgio nell'altra mano. «Com'era? Chiudi le finestre e appenditi alle ostie di carta.»

Salgo le scale, e a ogni gradino, come tasti di un pianoforte, suono una nota felice che mi accompagni allo stato d'animo con cui voglio incontrare Vit.

24

L'interrogativo di due ciao in risposta al mio entrando in casa mi raggela. Livia e Vit stanno facendo aperitivo. Entro in cucina come chi si aspetta uno scappellotto da un momento all'altro, poi realizzo che proprio questa mia aria sospettosa, guardinga e colpevole contribuisce alla narrazione che non voglio più nella mia vita, ed evidentemente è uno shock che li raggiunge, perché una vittima o un aggressore se scelgono di svestire le parti fanno lavorare a vuoto la compagnia ormai abituata a copioni ben stabiliti. Quindi mi siedo, in controllo come non mai.

«Di che parlate?» domando, scorrendo nei loro occhi e percependo una certa accondiscendenza generale che mi rincuora.

«Vit, diglielo» fa Livia.

Lui mi versa delle bollicine nel bicchiere che attendeva sul tavolo il mio ritorno. «Come un cerotto?» Tra il sardonico e il tenero.

«Come un cerotto» rispondo.

«Mi sono licenziato.» "Una follia" è il primo pensiero che mi trivella, ma lo lascio continuare. «Non fare quella faccia...» mi dice. Non so che faccia ho, ma per paura di scoraggiarlo mi mordo le guance e ammorbidisco le palpebre.

«Ti prego, continua...»

«La liquidazione è buona, molto buona. Se ti va, e se Livia è sempre d'accordo a tenerci Giorgio, potremmo prenderci qualche giorno da qualche parte tutto per noi.» Strabuzzo gli occhi, ripenso a quel brodo quantico e al fatto che si stia manifestando nel reale: lavora su di te e il contesto cambierà.

«Vit, hai pensato bene a tutto?» Lo dico, ma senza smontarlo.

«Tutto per noi» ripete. Abbassando la voce, in tono quasi supplichevole.

«Certo» balbetto e incespico. «Tu cosa ne pensi?» chiedo a Livia.

«Penso che sia bello» risponde netta, con il suo solito sottotesto, come a dirmi: "Sorella, un uomo che molla le sue sicurezze e durezze per riprovarci: sorridi, dagli il beneficio".

«Ma tu cosa mi dici?» mi chiede Vit.

«Sono scombussolata, prima nulla ora tutto, sono felice, cazzo sì, sono felice.» Infilo le mie dita nel suo pugno appoggiato sul tavolo. La sua mano è umidiccia, mi dico evviva, è sudato, il palmo è morbido, accarezzo le tre linee profonde nel suo palmo; il mio dito nel suo pugno come il suo pene dentro di me non appena Livia ci lascia soli poco dopo. Sono cavalloni di rabbia, poi di commozione, poi di nuovo di rabbia e, infine, esausti, di reciproca riscoperta. Tra le lenzuola profilate dalla luce tenue dell'abat-jour, sorridiamo lievemente, come a contemplare un assaggio di un futuro nuovamente e particolarmente piacevole.

«C'è una quantità di cose, in te, che credo d'essere in grado di spiegarti» carezzandomi la nuca tonda di capelli.

«Cioè?» chiedo sorpresa e curiosa, girandomi e appoggiando la guancia sul suo petto, ascoltando nel breve silenzio che intercorre il suono del suo respiro intrufolarsi nelle sue caverne, alzandomi la testa, e uscirne abbassandomela.

«Non voglio ignorare più nulla per comodo mio.» Non è proprio la sua materia d'elezione ma mi piace come ha raccolto le parole migliori a suo dire.

«Maschio o femmina, Vit?»

«Che?»

«Che l'hai partorita senza epidurale questa.»

«E dai, come sei...»

«Gioco, gioco, autoironia questa sconosciuta» prendendo un pizzico di peli dal centro del suo petto e tirandoli. «Dimmi almeno tre sentimenti che ho provato in questi ultimi mesi.»

Per un attimo mi sembra di vederlo come davanti a una perversione fondamentale dell'umanità, spaventato e impegnato, non vuole sbagliare.

«Solitudine...» Schiacciando con l'indice il pollice dell'altra mano. «E questo è uno.»

«Sì, poi...» lo incoraggio. Conosco la persona che ho accanto, e non posso e non devo aspettarmi chissà quali cantici, non ci è tagliato, ma ci sta provando con tutti i muscoli.

«Disprezzo» dice con un mormorio di gola.

«Per l'altra sera, sì, in generale, no...»

«Come fai a sopportarlo? Io non ci riesco...» mi risponde con aria lugubre, la faccia rigida di sdegno verso se stesso.

«Non parliamone più. Questo non è il momento del rivangare; una singola cosa però te la dico» irrigidendo il collo, prendendo fiato oltre bisogno, parlando sentendo l'aria sbattere sulle mie labbra appena socchiuse. «Se io vedo anche solo ancora mezza volta l'uomo che puoi essere e che non credevo, io vado dritto dalla polizia e ti rovino.»

«Se io vedo anche solo ancora mezza volta l'uomo che posso essere e che non credevo di essere, io vado da solo alla polizia» ripete. E aggiunge: «Questa cosa non si dimentica, io no di certo».

«Ora spegni, sono stati mesi faticosi, abbiamo bisogno di dormire.»

«Come preferisci» emettendo ancora un guaito in coda a ogni lettera, un lamento da tagliola, un qualcosa che ancora morde.

Sistemando il braccio al fresco sotto il cuscino, rannicchiando le gambe quasi al petto, qualcosa mi dice che no, non è giusto, e che comunque sia è stato avvisato, e allora dopo qualche minuto, nel silenzio assoluto, «Sei un bruto» dico, come un doppiatore degli anni Trenta, qualcosa a mo' di Stanlio e Ollio, e lui a ridere, e io a sorridere. Quante questioni, persino ciò che so esattamente lo farà ridere, quanto è spreco per uno e fiorire per l'altro, e viceversa. Mi addormento pensando che entrambi ci abbiamo messo i muscoli. Siamo stati bravi.

La zip di uno zaino, lo sbattere di cassetti e una certa agitazione fuori dalla camera da letto mi svegliano intorno alle sette del mattino. Livia, già qui? Mi alzo, sbadigliando così forte da farmi schioccare le orecchie. Sta preparando uno zaino di cambi per i giorni a venire con Giorgio.

«Buongiorno.»

«Ciao» dice Livia.

«Ciao» fa Vit.

Giorgio, niente ciao. Seduto, afflosciato, sull'orlo del letto, con le braccia penzoloni tra le cosce. Alza il viso guardandomi come un cieco.

25

«Dove andate alla fine?» ci domanda Livia.

«Io ne so quanto te» ribatto entrando in bagno.

«È una sorpresa» lo sento risponderle. Mi siedo e mi fa male. "Quanta gioventù" penso, e una smorfia sbilenca mi rimane addosso fino a che non mi asciugo. Quando esco, Vit sta caricando il suo zaino che staziona da anni sul mobile, ci infila i gusci da montagna, le magliette e le scarpe, le mie le lascia accanto al letto con i calzettoni infilati per metà dentro. Livia prepara un grosso tramezzino unto col prosciutto che scappa fuori da tutte le parti e un bicchiere di latte, poi torna in camera di Giorgio col tramezzino in una mano e il bicchiere nell'altra, passando davanti alla nostra porta mi fa un rapido occhiolino di intesa che non colgo appieno.

«Andiamo in montagna?» gli chiedo, ma rimane impassibile, come se non avesse udito. «Oi, sto mangiando la foglia, vengo ovunque tu voglia andare, non fare il misterioso. Materassini e maschere non ne vedo, stiamo andando in montagna.» Smette con tutto e viene a sedersi sul pavimento accanto al letto, mentre io sto finendo di stringere i lacci degli scarponi.

«Sì, torniamo al rifugio, come avevi suggerito, il gestore getta la spugna a giorni, possiamo prenderlo e mollare questa casa, teniamo aperto anche in inverno, riceviamo a Natale e a Capodanno, viviamo e lavoriamo, lontano da questa routine che ci sta ammazzando. Pensavo di dirtelo una volta su, ma tu sei d'accordo, sì?» Un bagliore penetrante nei suoi occhi, come un dardo puntato contro un bersaglio.

«Dobbiamo pensare bene a tutto, e con tutto intendo Giorgio, ci hai pensato?»

«Ma certo. Livia lo tiene in settimana e lo porta a scuola, mentre nel weekend starà con noi. Facciamo un lavoro particolare, tutti dovranno capirlo.»

«Ma io ci voglio stare con mio figlio.» Mi compare un nodo di legno sotto il mento.

«E allora nulla. Facciamo questi giorni in rifugio, una volta tornati pregherò in ginocchio l'azienda di riprendermi.»

«Non fare il bambino che si porta via il pallone, sto solo dicendo riparliamone, valutiamo tutto.»

«A pensare a tutto non si fa mai nulla» dice strofinandosi la faccia nei palmi come uno che non ha contemplato né un no né un forse.

«Ascolta. Andiamo, l'esperienza si spiegherà meglio di te, o almeno lo spero.» Non so se è un bene o un male, mi torna in mente la storia del contadino siberiano e provo a fidarmi, starò a vedere.

Per gran parte del viaggio Vit rimane tetro e silenzioso.

Guida per quaranta minuti circa nel mezzo dei campi senza fine, con i soli tralicci a dare senso di profondità a un panorama altrimenti monocorde. I morti per strada vengono segnalati da mazzi di fiori, cartelli, foto in buste di plastica per perdurare sotto i temporali. Portali che si affacciano sul dolore più acuto, specie se è quello di un genitore che sopravvive a un figlio e in ciò non trova una risposta degna. Si soffre molto nello stallo. Si soffre infinitamente.

A un certo punto rallenta e scende dall'auto. «Ma che fai?» chiedo. Non mi risponde, fuma tre sigarette una via l'altra guardando la foto di un bambino nel nulla. Ricciolo. Nella foto scolorita di azzurro dal sole sorride, ha un lieve diastema che riga il sorriso ma collabora con l'ovale in costruzione del suo viso, le orecchie leggermente all'infuori, ma di quel genere di inestetismo che si sarebbe aggiustato in crescita aderendo al cranio. È in una vasca da bagno, indossa un salvagente blu, probabilmente è stata scattata alla vigilia delle vacanze estive, e lui impaziente se lo era infilato, qualcosa del genere. "È una bella foto" mi dico. Guardandola si può sentire lo sciabordio dei pochi centimetri d'acqua mossi dalle piccole dita del bimbo. Le risate complici e ilari di un adulto che non compare nell'istantanea eppure c'è. Lo percepisco, lo sento soffiare e gonfiare la felicità del bambino ridendo con lui. Nulla lo illuminava più dello starsene a bocca aperta e labbra tirate in una risata condivisa per più tempo possibile. Poco dopo Vit scuote la testa e con lo sguardo torna nei campi rigati.

«Piccole ali è volato in cielo. Addio, Gabriele» recita una piccola targa d'ottone.

«Ma chi è?» appoggiando la mia mano sulla sua schiena.

Mi spiega che non ci passa da anni, ma che ancora lo sogna ogni tanto.

Ripartiamo, io non chiedo più nulla, fino a che un altro stralcio di ricordo viene a galla a pancia in su come un pesce morto. «È stata una brutta storia in valle» dice. Ne aveva sentito parlare una delle serate in cui sgattaiolava per origliare i discorsi dei suoi genitori, a letto, prima di addormentarsi. «Scendevo dal bordo, due passi diritti verso la porta, mezzo a destra e un passo di nuovo dritto, era la piccola gincana per non far scricchiolare il vecchio parquet a listoni bui. Adoravo ascoltare di nascosto, quello era il momento dei fatti importanti, i miei parlavano delle cose serie a letto prima della buonanotte.» Gabriele, mi spiega, era un bambino che abitava nella piccola frazione prima della loro all'ingresso della valle, in uno di quei piccoli cumuli di case attaccati alla montagna come colonie di verruche qua e là. Uno di quei bambini campestri che vivono la terra, il cielo e l'acqua sulla pelle, quella libertà che ha chi è lontano dall'alienazione delle città.

Un giorno che non aveva nulla di diverso dagli altri, si mise a rincorrere la coda del gatto che gli sfuggiva via lucida dal pugno. Correvano nei campi, l'animale attraversò la statale sterrata e una macchina di passaggio li ammazzò sul colpo. Li ritrovarono assieme, il piccolo Gabriele ci era riuscito alla fine: stava riverso sulla terra battuta con in pugno la coda del gatto. La macchina non si era fermata, rivoltarono il bambino affettandolo e ricucendolo trovarono solo l'interrogativo di un punto verde di carrozzeria che gli aveva raschiato il cranio nell'impatto. Ci fu la caccia alla macchina verde, i suoi genitori non si diedero pace, ma nulla per anni pietosi e interminabili. Una brutta storia senza un dio. Poi allarga le narici e mi scodella la parte più brutta. «Papà all'epoca aveva una macchina verde, e ricordo benissimo che in due giorni da verde diventò blu, quella macchina. Non ho mai avuto il coraggio di metterlo al muro, ancora lo odio, ci ha resi tutti degli assassini.»

«Ma eri un bambino.» Lo abbraccio, mentre cambia nervosamente le marce. «I bambini non devono prendere posizioni per gli adulti, e poi vai a sapere...» Architetto una versione più lieve a cui sono io la prima a non credere. «Tanta era la follia collettiva per trovare quel verde che magari i tuoi hanno avuto paura a prescindere e per non avere rogne hanno cambiato colore. Per quello che ne sappiamo può essere di tutto.»

«Ho pensato anche io a questo ma non ci credo, no che non ci credo. Non lo ritengo capace, ma era giovane, pensava alla famiglia e al lavoro.» Sputa un bolo d'aria. «Ma che vuol dire?» si corregge da solo.

Io non faccio più nulla, non dico più nulla, lascio che il discorso scivoli via dal finestrino aperto.

Ci inerpichiamo, la macchina strappa nei tornanti per venti minuti, a valle il tempo era coperto, ma quando la strada finisce e parcheggiamo in prossimità di un grande stagno di montagna zeppo di gelatina di girini ai bordi, il sole cozza sullo specchio opaco dell'acqua scaldandoli, loro, noi e una sparuta trota che spariglia la schiuma verde sul pelo dell'acqua. Il caldo e il colore sono veri, come solo il sole, quello di montagna, sa essere. Questo benvenuto restituisce a se stesso Vit che ritrova un entusiasmo da capo scout. «Vedrai che meraviglia di boschi» mi dice, ancora, gaio come un bambino insofferente al passo lento degli adulti all'ingresso di un luna park.

Scendiamo giù per una mulattiera stretta come un corridoio, accompagnati a destra e sinistra da due muri a secco che si interrompono entrando in un bosco di faggi alti come palazzi a chiudere completamente il cielo. Due passi a sinistra e due a destra, sulle pietre sporgenti come gradoni, dietro di lui, nelle salite, rompo il fiato guardando a terra, le foglie sotto i suoi passi che crepitano rapide. I tronchi caduti come panche da riposo accanto al sentiero. Il buongiorno a chiunque passi. Solo una coppia sorridente. Un maremmano ci scorta fino a che non oltrepassiamo la maculatura delle mucche sul verde dei prati a pascere. L'ampio sentiero spiana leggermente e diventa una mezzacosta, costeggiamo una baita sulla destra e il bosco di faggi cede il posto a qualche isolato maggiociondolo, e infine a larici e abeti in un avvallamento; accanto a un rigagnolo, ben inserito, il rifugio, una struttura in legno a due piani evidenziati da quattro cascate rosse di gerani paffuti, due sopra e due sotto, quattro tavoli tassellati a terra sul prato davanti all'ingresso, mentre dietro, tirate tra i rami, altrettante amache in nylon di tutti i colori avvoltolate dal vento.

26

«Voi siete giovani» ci spiega Ettore, dopo averci accolto negli ambienti interni. La barba arruffata, la faccia rossastra come un uomo capovolto e piccoli fulmini di capillari rotti sui lembi di pelle tra il pelo e gli occhi, le sopracciglia ispide che gettano in ogni direzione come la pelliccia di un topo asciugata al sole.

«Io non ne posso più, voglio fare il nonno.» Ha tanta fretta di andarsene e non lo nasconde. Mi ritrovo sola quando si dicono di cominciare il tour delle rotture di coglioni; così scompaiono, il vocione di Ettore segna i metri dal rifugio, lo sento avvicinarsi, allontanarsi fino al pozzo di aggancio all'acqua a qualche ventina di metri su per la montagna, salire sul tetto, spiegare a Vit certe precauzioni d'esperienza, poi in cantina e infine rieccoli.

«Lo capisci il dialetto?» mi chiede.

«No...» rispondo, un po' afflitta per la sua faccia che segue.

«E allora parliamo questa lingua moderna che parlano tutti» dice dando una pacca sulla schiena a Vit che risponde con una mezza bestemmia di cui capisco solo la divinità pronunciata all'inizio. Ho la sensazione di essere nei bagni dei maschi, «*al pian dij Babi*», tra le poche locuzioni dialettali che conosco, letteralmente: al piano dei rospi. Bassi.

Spiega l'assenza del frigo e la presenza del rigagnolo fuori che ne fa le veci e la tecnica collaudata come antifurto, che consiste in un retino da pesca posto sotto una breve losa di pietra che funge da passatoia tra un argine e l'altro, incastrato sotto due pietre massicce, ogni mattina lo carica di una quarantina di birre circa, ci dice; la cucina è spaziosa, ma illude, ci spiega che quando chiama i ragazzi da valle per aiutarlo sono lividi tanto si restringe. Passiamo per le camerate quando Vit lo ferma, gli dice che lui qui ci ha lavorato per anni e che conosce a menadito la struttura e che il giro turistico può evitarlo. Ettore per tutta risposta, con quel modo tutto loro, lo insulta, mi pare gli dica che gli sta facendo perdere tempo e che è un figlio di buona donna. Pranziamo e ci porta a conoscere la vecchietta su alla bergeria a un'ora di cammino, ne approfittiamo e compriamo del formaggio per la polenta, Ettore va a stima sulle quantità, cosa che apprenderemo solo con il passare del tempo, mi dice Vit. Ci accompagna dal rifugista che sta su in un vero rifugio, dove non ci sono più gli alberi, per me un anello di nuove conoscenze bagnato dal genepì, tanto bagnato che Ettore a un certo punto, quando il sole ormai nascosto dalla cresta più imponente sta colorando il cielo di rosa e inscurendo il verde tutt'intorno, lui, sempre più impaziente di scendere a valle, ci lascia indietro con un cenno della mano, come a dirci che siamo troppo lenti nella discesa per lui. Noi, io, appoggiata a un albero come un muro alle spalle, la corteccia che un po' mi ferisce nei brevi su e giù, ubriaca e goduta mi sforzo per ricordargli di venire fuori. «Cazzo, è vero...» commenta, nel silenzio totalizzante, alla fine immobili, ascoltando il vento muoversi tra le fronde degli alberi come un lungo sospiro soddisfatto.

Livia ci porta su Giorgio dopo qualche giorno. Ci trova bene, dice. Questo posto ci ha sequestrati, per Vittorio è molto esaltante, e il suo entusiasmo mi si stinge addosso.

La quotidianità è molto più arricchente delle date importanti, dei pranzi numerosi o delle festività comandate, delle domeniche che riempiono il rifugio di gente di città, è un rullino che si srotola, nonostante si debba smontare ogni singola idealizzazione sul vivere in montagna, fiorellini e tramonti, smonta, smonta tutto; è molto scomodo, molto duro a livello fisico, atmosferico e psicologico, perché si passano tanti periodi, tanto tempo da soli; in una giornata di pioggia come oggi in cui siamo risaliti da giù con la spesa con il piccolo trattore cingolato, si deve scendere, mettere assi di legno per farlo aggrappare sulla salita quando perde aderenza.

«Ci mettiamo sopra una pentola a bollire» racconto al bambino di una cliente che gironzola curioso per il rifugio.

«Perché?» mi chiede.

«Perché può servirci, con questa pentola ci facciamo cuocere la polenta. A te come piace?»

«Formaggio» risponde.

«Anche a me» gli sorrido.

Lavorare in rifugio è pazienza, è restare, è accogliere.

Giorgio va a scuola, stiamo provando a lasciarlo andare da solo fino allo stagno, da lì passa una navetta scolastica che ha deviato il percorso solo per noi e lo porta a lezione e lo riporta su, ma non riesco a fidarmi, lo seguo da un centinaio di metri indietro nel bosco, anche se è bravissimo e rimane sul sentiero. Quando mi è impossibile, Giovanni, l'autista, fa squillare una volta il telefono del rifugio nel momento in cui Giorgio entra nel pulmino, e io allora posso partire per la mia giornata. E al rovescio, quando lo lascia allo stagno, vivo il patema quotidiano fino a che non spunta nell'avvallamento, per poi salutarlo con finta disinvoltura, restituendogli il fatto fondamentale che, qui, tutti ci fidiamo ciecamente di lui. È costantemente sereno, la tattilità della montagna lo culla e conforta, non si annoia un attimo, ed è un bene, per lui e per noi.

Vit e io, attraverso la fatica, abbiamo recuperato

un certo affiatamento, abbuonando molto all'altro perché stanco, perché realmente in montagna certe questioni non hanno ragione di essere, perché c'è da trottare, perché non c'è da bighellonare, nuova parola che se storpiata alla Stanlio e Ollio lo fa ridere; ma a me, a ben vedere, chi mi fa ridere? Io non rido mai, questo è uno degli sporadici motivi di contrasto; prendi un sorriso dall'armadio, mi dice, ogni mattina, ma non è mai della mia taglia, e se mi veste male sulle spalle delle labbra mi dico che lo indosso a fare? Siamo impegnati, distratti, ma sento che il verme è ancora nella mela. Certe notti lo sogno, è ai piedi del letto con suo padre, confabulano, biascicano frasi incomprensibili, e con un pennello mi dipingono tutto il corpo di blu, girandomi, alzandomi le gambe, poi le braccia. Altre volte come un gratta e vinci sogno di passargli il bordo di una monetina su una spalla e la pelle che viene via scopre il verde di cui è ricoperto sotto il rosa della prima pelle.

Il sesso, anche questo, va derubricato, giustamente, e licenziato a favore della stanchezza, qualche pompino in cucina, qualche due dita se mi sorprende in bagno o poco più. E allora mentre dorme, con il calzascarpe in radica agguanto qualche fuga. Filo, Filo che è più richiedente ma non mi tratta come una troia; dolce, e mi manca, vorrei avere la scusa che non capita mai di passare dalla città, per scusarmi, per scopare e trattarlo con la dignità che merita, ora che nel paragone è vittorioso.

27

È uno di quei lunedì da niente, in cielo non ci sono né sole, né nubi, e nessuna prenotazione per la notte.

Mi stropiccio gli occhi con le mani bagnate e ho un improvviso tremito di gioia, mentre lavo le caraffe di vetro tondo dei quartini di vino, quando dalla finestra della cucina che dà sull'arrivo dei viandanti vedo Livia comparire dal bosco con una figura al seguito che pare camminare a disagio come attraverso un campo minato, ai piedi dei mocassini bassi, il massimo della sportività concessa. «Io odio quei Panzer di scarpe» risponde, quando le accarezzo i talloni per scaldare i cerotti sulle vesciche che si sono formate in mezz'ora di cammino. «Ma un bel rifugio di città, senti che liricità.»

«Esistono, si chiamano bar, mamma.»

Livia, che se l'è sorbita per tutto il viaggio in macchina e risalita fino al rifugio, taglia la corda, raggiungendo Vit, dietro, intento a tagliare la legna.

«Come va?» mi chiede Figurati io.

«Sto bene, sto bene.»

«Dimagrita. Sembri un gatto bagnato dopo la pioggia.»

«Un po'...»

«E gli occhi, esistono dei correttori per quelle palle nere da biliardo che hai là sotto» indicando lo scuro che mi parte dal naso e si annacqua sotto gli occhi.

«Mamma, in città potevi avere le tue chance, ma qui, hai idea di quanto sia facile farti sparire?»

Passa un attimo, come se avesse vagliato attentamente l'affermazione.

«Che paura. Dov'è mio nipote?» mi chiede.

«È la» rispondo. «Alle amache.»

Figurati io ha lo stesso tocco di Livia, Giorgio la adora, parlano, dondolando, confabulano per decine di minuti, ma chissà di cosa.

«Lo rincoglionisce» dice Vit raggiungendomi con Livia sulle panchine davanti all'ingresso.

«Tua madre non tace mai» commenta Livia, tra il bonario e il serio.

«Eh, lo so.» Le do ragione, ma a me manca quella radiolina perpetua, la vorrei qui con me certe settimane che dico io, nonostante l'invadenza, nonostante la gragnola di critiche mai costruttive e quel gusto nell'asfaltare la qualunque che solo io, dopo anni, so trascrivere e persino amare, per lo strepitio che contiene, una frequenza ultrasonica che i cani e io percepiamo strillare da ogni dove del suo corpo buffo: non so amare e ci soffro molto.

Dopo pranzo, nel tardo pomeriggio, la grande cresta sopra di noi è di tanto in tanto visitata dai pianeti e dalla luna. I montanari, scendendo, ci passano accanto, salutiamo seduti sul grande tavolo in prossimità del sentiero. Figurati io nel pomeriggio è riuscita a insegnare la parola «fungo» a Giorgio, che adesso non fa che girare tutt'intorno al rifugio urlando «fungroooooo!».

«Giorgio!» Adesso anche Vit urla per farlo calmare.

«Ma stai buono...» lo riprende lei.

«Prego!?» girandosi verso Figurati io, che fino a quel punto era rimasta dentro i limiti del tacito accordo di non belligeranza che intercorre tra loro due. Io e Livia ci guardiamo alzando le spalle simultaneamente.

«Voilà, è tutto finito» le dico.

«Bravo, prega un po'...»

«Mamma, ora basta» le ringhio.

Vit si scosta dal tavolo spingendosi con le braccia. «Lo vedi come non aspetta altro?» La grande vena biforcuta nel collo. «Attende, gioca a dama, e appena può, *zac*!» impugnando il coltello che ha accanto al piatto e simulando un fendente.

«Smettila, stai rovinando tutto» dico, afferrandogli da sotto il tavolo una coscia e stringendo più forte che posso.

«Ma lascialo fare, lascialo mostrarsi per quello che è sempre stato» continua lei.

«Cioè!? Dimmi, avanti.»

«Un figlio secondo...» Gli occhi allungati riflettono il cielo incolore.

«Vaffanculo...» e si allontana a passi lunghi. Poco dopo, i colpi sordi del legno che batte sul legno sotto l'accetta riprendono, dapprima frenetici, poi sempre più cadenzati.

«La mia testa è ogni ciocco di legno che spacca, vero?» Ho solo il tempo di guardarla con rimprovero, quando, alle spalle, un signore di quelli che scendono a valle mi domanda se è possibile avere un caffè, perché è stanco e deve ancora guidare.

«Certamente» dico, alzandomi, puntando un indice serissimo verso mia madre. Livia, accanto, mi implora con lo sguardo di fare presto.

Accanto alla stufa in ingresso, Giorgio se lo tiene in mano, né troppo vicino né troppo lontano dal calore, svestendolo e rivestendolo rapido con la mano. «Oh mio dio... sono mortificata, mio figlio è...»

«Stia tranquilla» risponde l'uomo, mostrandomi i palmi in segno di pace. Tiro su le mutande e i pantaloni di Giorgio prendendomi un morso sul polso, mi lavo le mani e servo il caffè trattenendo Giorgio tra le gambe. Mi scuso ancora e lo porto di peso nel nostro bagno privato accanto alla cucina.

«Fallo ora...» Lo svesto come desiderava, e lui riprende. «Qui puoi quando ti pare, fuori mai, hai capito?» Non mi percepisce neanche nella stanza, rapito com'è, e io mi imbambolo guardando lo scricciolo che è e cosa sta facendo. Di colpo i passi pesanti di Vit che entrano sulle tavole di legno in ingresso e in un secondo è dentro al bagno, con noi, io seduta sul bidet che guardo il bambino strizzarsi la punta con pollice, indice e medio, mi arriva addosso, faccio in tempo a dire «Vit, sei già nervoso, calmati, ti prego», che mi prende in un pugno i capelli raddrizzandomi tutta la schiena, e con l'altra mano mi colpisce sull'orecchio tre volte, come un panno steso da spolverare.

«Ci dormi nuda e adesso lo masturbi pure!?» Non rispondo, sono rotta del tutto, mentre esce dal bagno per mano con Giorgio che dallo shock si è rivestito da solo. Alzandomi, quando me la sento, un fischio perforante, come di freni esausti, mi trapana il cranio, oltre che suggerire: ora basta, non frenare più. Ho l'unghia allagata di sangue quando la tiro fuori dal buco dell'orecchio bordeaux violaceo. Faccio un tappo con la carta, mi sistemo i capelli a bella posta coprendomelo, ed esco, come se nulla fosse, ma dentro di me so già che, in un modo o nell'altro, io e Giorgio saremo in macchina con Figurati io e Livia questa sera esatta.

28

«Ora te ne vai, e pure tu» indicando prima una, poi l'altra, rimaste al tavolo accanto al sentiero, alzando la voce di proposito, quel tanto da far giungere la scenata all'udito di Vit che intuisco con la coda dell'occhio arrivare alle mie spalle con Giorgio sempre per mano. «Dico sul serio, vattene mamma, hai rotto...» gettandole la borsetta addosso in grembo che le spezza il fiato battendole sullo sterno.

«Ma sei scema? Mi fai male...» Si alzano entrambe, Livia, interdetta, con l'espressione di chi intuisce per metà la forzatura che porta da qualche parte che ancora le sfugge.

«Ce ne andiamo subito... tranquilla...» mi rassicura, prendendo per un braccio Figurati io, che farfuglia qualche insulto a beneficio di Vit, poi a me, e di nuovo a lui.

«Ci vediamo presto, ok?» Bacia Giorgio che gira sul posto ininterrottamente, un cenno rapido a Vit che contraccambia. «Andiamo» dice, agganciando Figurati io sottobraccio. «Abbiamo ancora tutto il bosco prima delle macchine.»

«Ma che è successo?» mi chiede Vit non appena le due scompaiono tra le fronde degli alberi.

«Succede che hai ragione, non ne posso più di quella lingua velenosa, ti prometto che qui non ci verrà più. Questo è il nostro luogo.»

Lui alza le spalle rapido e torna alla legna, lasciando Giorgio e me da soli. Livia lo ha capito, mi dico, non c'è tempo, neppure per un calzino, mi faccio coraggio, attendo che lui scompaia dietro il rifugio e come un sacco mi carico Giorgio sulle spalle e via dentro al bosco, se ne accorgerà quando saremo già alle macchine. Spero.

A rotta di collo tra i larici con passi rapidi e precisi, guardando continuamente indietro, se non manteniamo il vantaggio siamo fottuti, ci sarà addosso in un niente.

«Lo sapevo!» dice Livia, saltando fuori all'improvviso, facendomi prendere un infarto, nascosta con Figurati io dietro un tronco di faggio grosso come un ascensore.

«Non fermatevi, per carità» la bocca asciutta come il pile. «Vi spiego tutto in macchina» oltrepassandole e intuendole dietro di me poco dopo, in fila indiana sul sentiero di foglie secche.

«Non è un'altra delle tue stronzate, vero?» mi chiede Livia, la voce rotta e smottata dalla corsa.

«Quello mi picchia, Livia.» L'ho detto, da qui non si torna più indietro. Figurati io inchioda.

«Io torno su, lo ammazzo, tu non lo sai, ma io ho il porto d'armi da che son sola.» Abbiamo appena il tempo di girarci che Figurati io ha già in mano una piccola pistola, la canna lunga come l'impugnatura di un ombrello.

«Mamma, ti prego non fare cazzate!» Mi avvicino a lei. «Noi adesso andiamo alla prima stazione di polizia a raccontare tutto.» Mi scopro l'orecchio e lo faccio vedere a tutte e due. «Io non voglio avere torto quando ho così tanta verità, sii ragionevole, ti prego, fallo per me.» Sostiene il punto per qualche secondo poi si arrende e fa sparire la pistola nella borsa e riprendiamo a correre, tra i lamenti per il suo mal di piedi e il mio dirle di far conto di perderli e correre sul sangue. Tiro un sospiro di sollievo quando intravedo come un cartello di salvezza il lembo d'acqua dello stagno comparire al fondo del bosco e la macchina parcheggiata a poche decine di metri da lì.

«Ora vola...» dico a Livia, una volta che siamo tutti dentro la macchina, appannando il parabrezza con l'umidità dei nostri respiri concitati. Me lo immagino scendere come una bestia, ormai resosi conto di essere solo e dell'inganno.

Si sta facendo buio, procediamo con gli abbaglianti spalancati, l'unica macchina che incontriamo è quella del rifugista, oltre gli alberi, sopra il nostro rifugio, che ci rallenta accanto, mi abbasso per non farmi riconoscere, non si sa mai, non mi fido più di nessuno. Mi tiro su quando imbocca il tornante dietro di noi e lascio crollare le spalle espirando.

Guardo fuori, mi domando che farò, adesso che tutto è di nuovo crollato. Mi volto per abbracciare Giorgio che mi sta accanto e scorgo per un istante davanti alla macchina un'enorme zolla di terra che dal nero tutt'intorno si sgancia e finisce in strada, un cinghiale gigantesco. «Cazzo!» esclama Livia che sterza fuori strada, io e Giorgio senza cinture sbatacchiamo ovunque, poi la macchina impatta contro un albero violentemente. La polvere dell'airbag satura l'aria dentro l'abitacolo, apro la portiera che cigola come un relitto e mi lascio cadere tra le radici sporgenti nel bosco trascinando per una caviglia Giorgio con me che non risponde. Non posso più muovermi ma sento tutto. Il cinghiale allontanarsi sulle foglie secche, qualcuno dalla borgata vicina urla di chiamare l'ambulanza, uno di quelli, poco dopo, mi tocca la gola e dice di non sentire nulla.

«La signora non risponde» dice qualcuno di indefinito.

«Devo andare alla polizia» rispondo alla faccia sfocata che si avvicina alla mia per parlarmi. I portantini mi caricano sulla barella a cucchiaio e mi ricoprono con la coperta dorata che fruscia come l'imballaggio di un regalo. Mi sembra di intravedere Vit, mentre chiudono ai miei piedi i portelloni, poi più nulla. Mi risveglio a occhi stretti in ospedale, una luce forte come il sole mi rischiara le palpebre interne tingendo di rosso la trasparenza dello sguardo chiuso. Il mio corpo è solo un pensiero, non lo sento. «Odio gli addii» mi ripeto. Una maschera si appoggia sullo scivolo del mio naso e sul limitare del mento, qualche istante e non ci sono più, mentre la frenesia dei dottori elettrizza l'aria.

29

«Ci sono, sono qui.» Mi sveglio con il tubo di una macchina in gola, mi sembra di annegare, una donna vestita di blu scatta verso di me sfilandolo via. È lunghissimo, non finisce più, e si era già adagiato dentro di me, uscendo strappa un po', di qua e di là. Un uomo in camice trafelato arriva e mi parla, io non riesco a produrre nulla che sia più di un suono. Mi sento come appena nata, tutto è sgradevole. Sono in terapia intensiva. Una stanza circolare con i letti disposti a ventaglio e una sedia nel mezzo per l'infermiera. Sopra la sedia c'è un libro abbandonato dalla donna che ora mi accarezza la fronte e mi sorride. È nera, la vedo a malapena, le ciglia mi si aprono a fatica, come vi fossero appesi dei bilancieri. Mi bagna le labbra e la lingua con dell'acqua gelificata. Ha la voce calda, mi parla vicinissima alla guancia, vorrei un bacio. Il suo alito profuma di cannella, e ha un accento cubano che mi fa simpatia. Marietta... poco dopo metto a fuoco il suo nome sul cartellino appeso al camice, e il suo viso nella foto in bianco e nero accanto al nome, tutta denti in un sorriso vivace da innamorata della vita.

«Sei stata via quasi tre settimane» mi dice Marietta. «E loro sono venuti ogni giorno a vederti.» Mi indica il vetro rettangolare accanto alla porta blu della stanza. Dietro il vetro, le figure di Livia, un po' ammaccata ma salva, Veronica, e persino Giovanna e Ludovica delle costellazioni si sbracciano per salutarmi. «Saluto io per te, stai tranquilla» appoggiandomi una mano sul braccio che provo ad alzare ma non parte, non mi fa male, semplicemente non risponde.

«Che...» provo a chiederle. Marietta mi capisce senza capirmi e chiama di nuovo il medico che sta controllando un altro paziente, un ragazzo ancora intubato, e si avvicina al mio cuscino.

«Mi sente bene?» mi domanda, io gli faccio di sì con gli occhi, che ora, sbrigliati, riesco a muovere in ogni direzione. «Lei, al momento...» Tentenna, poi si fa forza con la professione che ricopre e continua. «Lei al momento è paralizzata dal collo in giù, abbiamo fatto di tutto.» Provate a comprimere la paura in un solo posto, il viso, senza poter sfogare con il corpo. Mi sento in balia dei medici che anche se una testa viva su un corpo morto è comunque un successo. Guardo Marietta che non sa che dire. «Calmiamola» le dice il dottore, lei obbedisce e dalla cannula della flebo mi raggiunge il cranio una calma piatta e neutra.

«Mio figlio?» le chiedo. «Mia madre?» Marietta fa per girarsi e tornare alla sedia, ma è buona, e non può lasciarmi così.

«Tua mamma è mancata nel bosco. Tuo figlio è lì.» Fa cenno a Livia di tirarlo oltre il limite della finestra che è più alta di lui. Sta bene, solo il classico turbante in testa.

"Mamma... ti voglio bene" mi dico, verso il soffitto ricoperto di neon sotto vetro.

«Ora dormi, ti prego. Se hai bisogno sono qui, io ti vedo sempre, stai tranquilla.»

«Marietta?» le chiedo, prima che si allontani.

«Dimmi...» ripiombandomi con lo sguardo e la voce calda addosso.

«Che cosa stai leggendo?»

«Fiabe. Andersen, conosci?»

«Certo, le leggo a mio figlio qualche volta.»

«Ne hai una preferita, vuoi che te la legga?»

«*Il baule volante*, mi piacerebbe molto. Grazie, Marietta.»

«Figurati...» spostando la sedia accanto al mio letto.

«Perché leggi le fiabe?»

«Perché c'è tutto, ed è ingiusto pensare siano solo per bambini.»

«Hai proprio ragione... c'è tutto. Ora avrei proprio bisogno di un baule volante.»

«"Ella rimase tutto il giorno sul tetto ad aspettare; e sta ancora aspettando, mentr'egli gira il mondo e racconta le fiabe..."»

«"... ma non sono più così allegre come quella che raccontò sui fiammiferi."» La concludo a memoria sulla sua voce, mentre chiude il libro.

I giorni passano, non chiedo quanti, non voglio saperlo. Li intuisco quando fuori c'è il sole e le sue lame bianche al mattino illuminano le mie lenzuola, nel pomeriggio la porta e la sera arancioni in ogni dove nella stanza. Oggi mi hanno spostato, sono in una camera che ha a che fare con il mondo, tutti possono venirmi a trovare, si materializzano ai piedi del letto con fiori, e dolci che sminuzzano al millimetro prima di darmeli. Giorgio sembra sereno senza di me, Livia mi dice che non è vero, che mi cerca ed è inquieto a casa e a scuola. Di quella notte nel bosco non vogliamo parlare, e non lo facciamo. Mi dice solo che Vit deve starmi lontano, tanto lontano da non vederlo in qualsiasi direzione io guardi, così ha detto il giudice, e sono contenta.

Epilogo

Filo è bellissimo, non so dire quanto a me stessa, quando lo vedo comparire sull'uscio della stanza. Mi ha cercato ovunque, e in qualche modo ha rintracciato la scuola di Giorgio e dunque Livia. Mi lava e asciuga quando ne ho bisogno, ha avuto persino un'erezione, gliel'ho vista e mi sono messa a ridere. «Tu sei un pazzo...» gli ho detto. «Sei bellissima» mi ha risposto, crollando dopo mesi a farlo da solo. Non sapevo bene cosa dire, ho passato la mano tra i suoi capelli, le ciglia arruffate dalle lacrime, mentre il letto sobbalzava, mosso dal suo addome che si contraeva nel pianto.

Quella sera ci sono tutte. Livia, Veronica, Giovanna e Ludovica, che nel venirmi a trovare hanno legato, e questo mi piace tanto. Manca solo Figurati io, che con un po' di immaginazione metto in piedi accanto a Veronica. Eh no, manca la più importante, mia madre biologica, senza di lei non avrei mai avuto tutte loro qui, questa sera. Sono amata, degna di amore. Le guardo tutte, chi più tosta e chi più fragile, chi da più tempo mi è accanto e chi da poco, ma sono tutte qui, e non me ne ero mai accorta. Dunque devo avere qualcosa di amabile in me. Mi sento incassata nel letto rialzato sotto la testa e senza accorgermene mi tiro su spingendomi con un piede contro il fondo del letto, che si assesta scricchiolando. Loro non si accorgono di nulla, io non dico niente, ma dentro sono una festa di fine anno, mi passo la lingua sulle guance zuccherate e coccolo in me il modo migliore per dirlo a tutte. Per dire grazie a tutte le madri della mia vita.

Ringraziamenti

L'esistenza di questo testo la devo interamente a Teresa Ciabatti, per la generosità e per la scrittrice fondamentale che è. A Michela Gallio, la mia editor, per aver tenuto lo scafo dritto, per la grande professionalità e le doti empatiche dimostrate durante tutta la lavorazione. A Luna Orlando, Maurizio Zoja, Silvia Proserpio e Beatrice Rodigari in redazione, per il lavoro certosino preziosissimo. A Laura Dal Maso per la grafica e Solferino Tutta.

«L'amore è l'infinito
abbassato al livello di un barboncino.»

Céline, *Viaggio al termine della notte*

Questo libro è stampato fabbricato da Grafica Veneta S.p.A.
con un processo di stampa e rilegatura certificato 100% carbon neutral
in accordo con PAS 2060 BSI standard

Finito di stampare nel mese di giugno 2023
per conto di RCS MediaGroup S.p.A.
da Grafica Veneta S.p.A., Via Malcanton 2, Trebaseleghe (PD)
Printed in Italy